ヒマラヤ大聖者の知恵

心と体をととのえて、もっと楽に生きる

相川圭子《ヨグマタ》

中央公論新社

図解 シンプルな体をととのえる動き

はじめに

生きることは喜びです。人はいろいろなことを体験し、感動を味わい、成長していきます。

たとえば、子どもを見ていると、身のまわりのあらゆることに興味を示し、いつも楽しそうにはしゃいでいます。その姿は、まるで広場を駆けまわる犬や、動くものに反応してじゃれる猫のようです。そこには躍動感とエネルギーが満ちあふれ、生きる喜びがあります。しかし、人間の場合、成長するにしたがって、そうした素直な心が次第に影を潜めていきます。

そして、常に生きることへの不安を感じるようになります。将来への漠然とした不安、仕事や人間関係からくるストレス、病気や死への恐れ……。いろいろな悩みに心を支配され、苦しみばかりを感じるようになるのです。

生きて体験することのなかには、素晴らしいことがたくさんあるのに、問題が生じて心が悩み一色になってしまうと、そこから抜けられなくなるのです。

それに加えて、いま世界は新型コロナウイルスの猛威にさらされています。社会のありかたや、日々の生活も変化し、誰もが不安を抱えています。そのなかでようやくワクチンが開発され、アメリカやインドなどで接種が始まり、少し明るい希望が見えてきました。しかし、コロナ自体がこの世界からすぐになくなるわけではありません。

これらの不安定な世界のなかで、私たちの不安を持つ心の習性と、常に起きる人生のさまざまな問題にどう立ち向かい、乗り越えていけばいいのでしょうか。

その答えは、私が学んだヒマラヤの教えのなかにあります。

いまから五〇〇〇年以上前、真理を求める聖者たちがヒマラヤの山奥で修行を重ね、偉大なヒマラヤ秘教をつくりあげました。それはやがてインドの哲学に発展し、世界のさまざまな教えに影響を与え、さらには科学も生みだしました。現在、人々に叡智《えいち》をもたらしている多くのものごとの源流は、じつはヒマラヤの教えにあるのです。

私は一八歳のころから、ヨガを通じて真理を求めてきました。道が開けたのは三〇代後半のことです。稀有《けう》な縁がきっかけでヒマラヤの秘境を訪ねることになり、幸運にも大聖者ハリババに出会うことができたのです。そのもとで厳しい修行を重ねた結果、私は究極の悟り（解脱《げだつ》・究極のサマディ）に達しました。そして、いまでは世界に二人しかいないシッダーマスター（ヒマラヤ大聖者）となったのです。

その後、私は山を下り、世界にヒマラヤの教えを広める活動を始めました。人々を苦しめるさまざまな問題を理解し、乗り越えるためのお手伝いをしたいと考えたからです。

みなさんはこれまで懸命に生き、立ちはだかる問題に対しても、必死で立ち向かってこられたに違いありません。いまは苦しんでいても、必ず希望はあります。

人は誰しも成長する力をもっています。しかし、それを引き出し、進化させるには、気づきと学びが必要です。ヒマラヤの教えはその手助けをしてくれます。

私はこの本のなかで、みなさんの悩みに答えながら、人生をもっと楽に生きるための知恵とヒントを伝えたいと思っています。究極の悟りから生まれた言葉には、あなたの疑問や不安を溶かす力があるのです。

この本を読み終えたとき、あなたは自分の「心」を知ることになるでしょう。体についても理解を深め、世界の理《ことわり》にも気づくはずです。そうすれば、心の平安を得て、安心して楽に生きることができるようになります。

この本を手にとったあなたはいま、希望の入り口に立っているのです。

第1章

「心」を知る

コロナ禍を乗り越えるために

Q1

コロナへの不安

新型コロナウイルスの感染爆発が起きてから、
毎日が不安で仕方ありません。
いろいろな情報が飛びかって、
何を信じていいのかもわかりません。
自分が生きている間に、まさかこんな時代が
来るとは思ってもみませんでした。
この先、私たちはどう生きていけばいいのでしょうか？

本当に大事なものに気づくチャンス。丁寧に生きることを楽しむ。

いま、私たちはウイルスという目に見えない小さな存在から攻撃を受けています。世界中の人々が同じ問題を突き付けられ、恐れを抱き、苦しんでいます。

コロナ禍は全人類共通の課題です。これまでも私たちは感染症や戦争、飢饉《ききん》、自然災害など、さまざまな困難に直面してきました。そのたびに社会が変わり、政治が動き、新しいリーダーが生まれ、再び調和を取り戻してきました。

昔から、生きることには苦しみがついてまわっていたのです。日本でも戦後すぐはモノがなく、苦しい生活が続きました。それでも、みんなが一生懸命働くことで、このようにモノにあふれた便利な社会を作りあげることができました。

いまでは世界中の国がグローバルに競争し、交流することで、クルマやスマートフォンなどの便利な製品を大量生産しています。それによって、ますます物質的な豊かさを謳歌《おうか》しています。

しかし、何かが過剰に発達すれば、それによる弊害も出てきます。たとえば、原子力で莫大な電力を手に入れ、私たちの生活は格段に便利になりました。でも、それが大変な危険と隣り合わせだったことを、東日本大震災のときに思い知ることになります。今回も、豊かさを求める競争のなかで、人間の心も、自然も宇宙のバランスを崩して、これまで人間界にはなかった未知のウイルスが生まれました。

しかし、これは大きな学びのチャンスです。今回のことで人々は、自分たちの社会が誤った方向に進んでいるのではないか、これでよいのかと疑問に思い始めました。物質的豊かさを求めるばかりではなく、いまこそ新しい生き方を受け入れていかなければならないのです。

不幸中の幸いというか、今世界各国でワクチンも開発され、そこかしこで接種が始まり、少し希望が見えてきました。しかし今なお、コロナ禍によって尊い命が失われたり、仕事を失う人が出たりしています。それは悲しいことです。また人との触れあいが制限されるのもつらいことでしょう。

しかし世の中は常に前進していくものです。たとえば、コロナの影響でオンライン会議や、ネットショッピング、料理のテイクアウトなどが増えています。そうした新しい生活様式が社会をどう変えるのかはまだわかりませんし、戸惑っている人も多いことでしょう。

必要なのは、事態を受け入れ、その中で最善のバランスをとっていくことです。これを機に、どうしたらよい社会にできるのか考えなければなりません。

私は悟りを得た者として、こうした課題を与えられたことに感謝しています。コロナに立ち向かうプロセスで、人類が進化できるかもしれないと思うからです。

こういう時代だからこそできることがあります。たとえば、いまはみんなが移動を控え、社会の歩みがゆっくりになっています。忙しい日々のなかで見失っていたものに気づくために、とてもいい時間をもらったと考えてみましょう。自分の生き方を振り返り、本当に大切なものは何かを探すのです。

家で食事を一品一品丁寧に手作りし、じっくり味わってみる。あるいは、いままで時間がなくて読めなかった本を読んだり、音楽を聴くのもよいでしょう。

とくに私がおすすめしたいのは、瞑想《めいそう》の習慣を持つことです。ヒマラヤの教えに沿って瞑想をすれば、不安でいっぱいの心がスッと楽になります。

私のもとでヒマラヤの教えを学んでいるKさんという女性は、悲惨なニュースを見ると発作が起きるほど、外部の出来事に対して敏感だったそうです。ところが、瞑想を行うようになってから、心を乱されなくなったといいます。

彼女たちが不安を感じずに生きていられるのは、瞑想によって、根源的な存在につながっているという感覚があるからです。それは太陽のように中心にあって動かないものです。自然で汚れのない、無限のエネルギーを与えてくれる存在。正しい瞑想を行えば、あなたもそこにつながることができるのです。

呼吸法、瞑想法など、ヒマラヤ秘教の基本を紹介

シンプルな体をととのえる動き

ヒマラヤ秘教の基本

心と体をととのえ、神と一体になり、悟りへと至る修行が「ヒマラヤ秘教」における真のヨガです。ヨガにはもともと「結合」「調和」という意味があり、修行には以下の8つの外側の行為から内側の行為へと向かうプロセス(八支則)があります。

❶ヤマ＝日々の中で
「してはいけない5つのこと」を学び、実践する。

❷ニヤマ＝日々の中で
「するとよい5つのこと」を学び、実践する。

❸アーサナ＝さまざまなポーズを練習し、体のバランスをとる。

❹プラーナヤーマ＝呼吸のコントロールを学ぶ。

❺プラティヤハーラ＝感覚のコントロールを学ぶ。

❻ダラーナ＝意識を一点に集中させることを学ぶ。

❼ディヤーナ＝深い瞑想を学ぶ。

❽サマディ＝神と一体になる。悟りへの到達。

ヒマラヤ秘教では正しい指導者から指導を受けるのが大切です。この本では❸のアーサナのなかから、体をととのえるための簡単な動きを紹介します。週に1〜2回、いくつかの動きを選んで順次行ってみましょう。注意点としては、正しい心で行うこと、無欲で行うこと、楽しみながら行うこと、がんばりすぎないことです。あくまでも体をととのえる動きです。気分が悪い場合は行わないでください。

シンプルな体をととのえる動き

1 骨盤をととのえる

下半身のバランスをよくします。

1 座って両脚を投げ出します。両手は両脇を少し離して床につけます。

2 右かかとを前に突き出し、伸ばします。それを緩めて元に戻します。

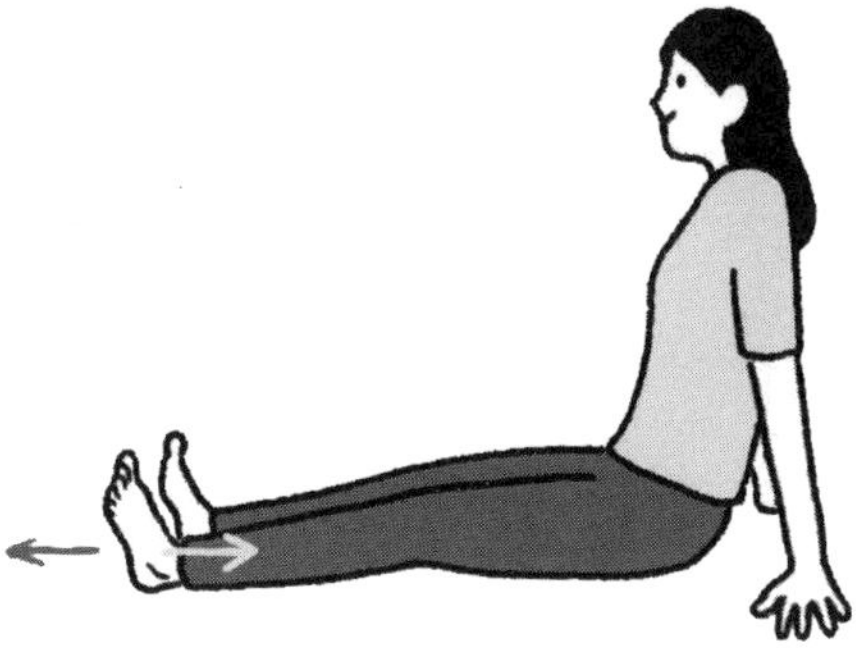

3 同様に左かかとを前に突き出し、伸ばします。緩めて元に戻します。

4 2と3を交互にゆっくり行います。左右1回で1セット、それを3セット。

5 最後に2と3をリズミカルに交互に4セット行います。

Q2

危機の際の行動

新型コロナウイルスの感染が広がり始めたとき、
マスクやトイレットペーパーが買い占められてしまい、
スーパーを何軒もまわったり、
朝からドラッグストアに並んだりして苦労しました。
震災のときもそうでしたが、
なぜこういうことが起きるんでしょうか？

危機が迫ったときほど、利他の精神で行動する。

緊急のときにどう対応するのか。それによってその人の本性がわかります。人間は危険が迫ると、心が不安でいっぱいになり、冷静さを失い、利己的な行動に走りがちです。

以前、ある方からこんな体験談を聞いたことがあります。子ども時代、川で遊んでいたときに友だちが深みに流されて、おぼれかけたのだそうです。その人は水に飛び込んで友だちを救おうとしたのですが、近づいた瞬間、その友だちに手で押さえつけられて水中に沈められてしまいました。友だちは自分が助かるために必死で、相手のことまで考えられなかったのです。彼は懸命に泳いで、何とか友だちを助けることができたのですが、かなり身の危険を感じたといいます。

人は危険を感じると、恐怖に襲われ、パニックに陥ります。そうなると、人を押しのけても自分が助かろうとします。マスクやトイレットペーパーを買いだめするのも、そうした防衛本能が働くからです。

でも、人間にはもうひとつ大切な本能があります。それは母性、慈愛の心です。たとえば、乳飲み子を抱えた母親は、どんなに苦しいときでも、子どものことを第一に考えます。たとえ自分の食べるものがなくても、子どもに乳をあげようとします。自分を犠牲にしてでも、次の世代を生かそうとする――そうした母性、慈愛の心が人間にはもともと備わっているのです。

しかし、不安からくるストレスや、危険を感じたときの防衛本能によって、慈愛の心が薄くなってしまうときがあります。コロナ禍で起きたさまざまな出来事は、そのことを私たちに教えてくれました。

「これからトイレットペーパーがなくなるから早めに買っておいたほうがいい」とか、そういう不安をかき立てる情報を見たときは、いちど立ち止まって考えてみることが必要です。そもそも、その情報はデマじゃないか？　自分の家にはどれぐらいの買い置きがあるのか？　みんなが買いだめに走れば、パニックを呼ぶだけじゃないだろうか？

真偽のわからない情報に踊らされて、いくらモノを買ったところで、心の不安を埋めることはできません。それよりも、心が暴走してしまわないように、日頃から利他の精神、慈愛の心を育むことが必要です。

コロナ以前から、現代社会では競争が過剰になっていました。人よりもいい情報を得て、お金持ちになり、たくさんのモノに囲まれて暮らしたい――多くの人がそう考えて行動した結果、全体の利益を見失い、生きにくい社会を作ってしまったのです。

そこにパンデミックが襲ってきたことで、私たちは情報に振りまわされ、右往左往してしまいました。

「残り物には福がある」。古いことわざにあるように、たとえ一時の競争に負けても、後からメリットは得られるものです。逆に、急いで手に入れようとするあまり、早とちりをしたり、不要なものを手にすることもあります。

時が満ちるのを待つことです。焦らなくても、あなたの内部には、あなたを守ってくれるエネルギーが宿っています。その力を正しく使えば、きっと大きなチャンスがやってきます。

危機のときこそ、学び、成長するチャンスです。

不安や恐怖を感じたときは、助け合いの精神を発揮し、みんなのためになることをしましょう。一人ひとりがそうした取り組みをすれば、私たちの社会はもっと成熟し、住みよい世界になっていくはずです。慈愛の心でみんなを助けていきましょう。そうすれば、あなたのなかからさらなるパワーが湧いてくるのです。

シンプルな体をととのえる動き

2 骨盤をととのえるねじり

骨盤のゆがみをととのえ、腰痛やおなかのゆがみを取る。

1 両足を投げ出して座ります。両手は両脇を少し離して後方床につきます。

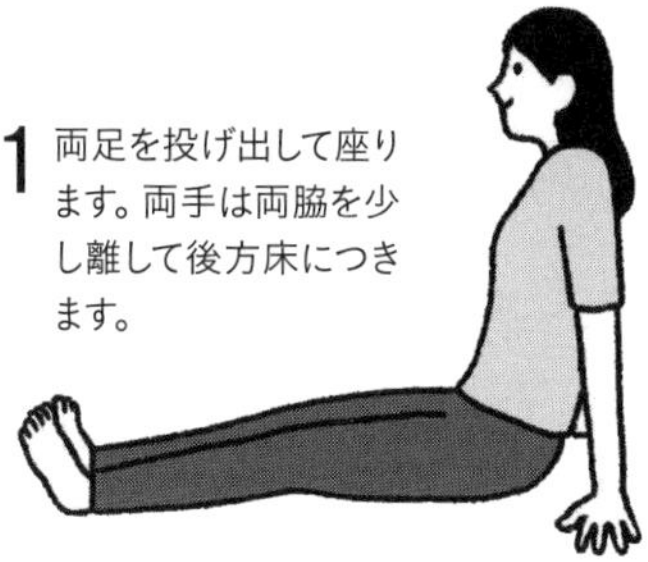

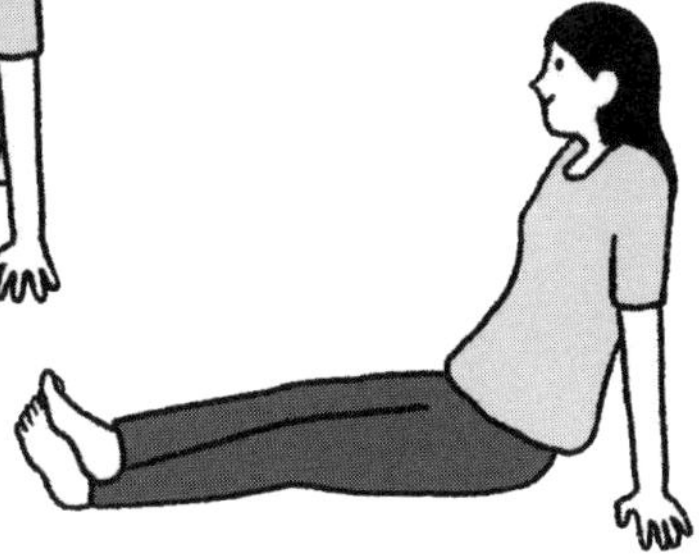

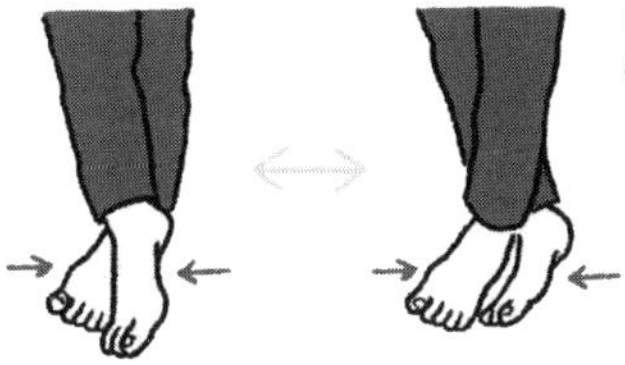

2 左足首の上に右足首をのせてクロスさせます。両足を右にねじり、戻して左にねじります。これを繰り返します。5回、元に戻してリラックス。

3 足を組み替えます。右足首の上に左足をのせてクロスさせます。

4 両足を左にねじり、戻して右にねじります。5回繰り返し、元に戻してリラックス。

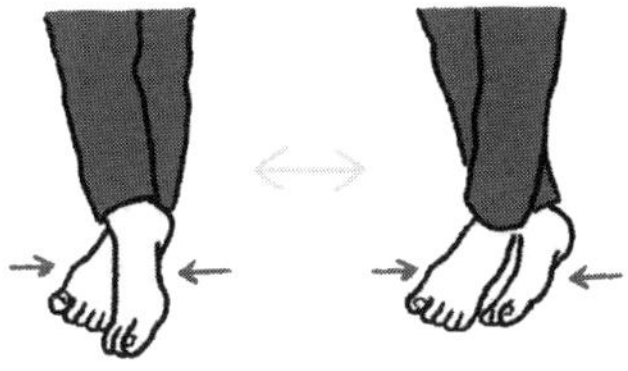

Q3

差別する心

クラスターが発生した施設や、夜の街に出入りする人に対して、どうしても嫌悪感をもってしまいます。差別はいけないと頭ではわかっているのですが、感情を抑えられません。

防衛本能が差別や憎しみに発展することがある。心の暴走に振りまわされないこと。

人間は強い恐れを感じると、緊張し、自己防衛本能が敏感になります。その結果、よそ者を排除しようとする心が生まれ、差別が起きるのです。

差別は昔から人間社会のいたるところにありました。さらに、現在ではマスコミやソーシャルメディアを通じて大量の情報が流されます。すると、その情報に心が過剰に反応し、不安から差別が起きるのです。

コロナ禍のなか、感染者が出た学校や、みなさんのために奮闘してくれている医療従事者に対してさえ差別が起きています。地方では東京から来たというだけで差別されるケースもあるようです。

心にはもともと、ものごとを区別しようとする性質があります。たとえば、私たちは黒色、白色、黄色など、色を区別して認識することができます。それ自体は差別ではありません。ただ、肌の色で人を区別しようとすると、差別が生まれます。

白い肌も黒い肌も、単なる色の違いです。色に優劣があるわけではありません。歴史と文化と教育があいまって、優劣の価値観が浸透してきたのです。

人間の集団は、常に外敵に対する恐怖心を抱いているため、同じ民族同士で固まる傾向があります。それが高じると、肌の色が違うだけで敵と見なし、差別するようになります。さらには、性別、国籍、学歴、貧富の差など、あらゆる違いが差別の対象となります。自分と違う相手に恐怖を抱き、争いに発展することもあります。最近は国による歴史の教育が、それに拍車をかけているようです。

なぜ人は自分と異質なものを受け入れられないのでしょうか？

それは「心」の働きに翻弄《ほんろう》されているからです。知識や情報という偏見が加わると、違う部分ばかりが目につき、同じ人間であるという共通点が見えなくなってしまうのです。そうすると、嫌悪の気持ちが激しくなっていきます。

コロナでも、感染した場合の恐ろしさが最初に情報として伝わったことで、人々の自己防衛本能をかきたてました。

恐怖と不安で暴走した心は、ウイルスだけでなく、感染した人までもが憎いと誤解してしまったのです。

「坊主憎けりゃ袈裟《けさ》まで憎い」ということわざがありますが、人間の心は、あるものを憎むと、それに関わるすべてのものを憎む性質をもっています。情報と偏見によって、それが加速しているのが現代社会です。

社会から差別をなくすのは簡単なことではありません。しかし、そのための第一歩を踏み出すことはできます。

まずは、自分の心の性質を知ることです。そして、憎しみに振り回されないようにすること。

ものごとを冷静に判断し、心の暴走を抑えるには、心の価値観を正しくとらえる訓練と修行が必要です。そのための手段が「瞑想」なのです。

私の道場にやって来る人たちの多くが、瞑想をすることで、ものの見方が変わったと言っています。

たとえば、Yさんという女性は家の近くのホテルがコロナ感染者の療養施設になり、不安を感じていたそうです。しかし、瞑想を学んでからは毎日安心して過ごせるようになり、「みなさんが早く快復なさいますように」と祈る気持ちになったというのです。

心を浄化すれば、思い込みや憎しみによって人を差別することはなくなります。平等な心で人と接することができます。

私はヒマラヤ聖者として国連に招かれた際、差別のない世界の実現を訴えるスピーチをし、祈りを捧げました。ヒマラヤ秘教の瞑想はレーザーのようなエネルギーで源の力を引き出して、そうした差別の価値観を溶かします。

瞑想する人の心は平和になり、平等と慈愛の心が育まれていくのです。本来、人間は自分のなかの深いところにそうした精神をもっています。一人ひとりがそのことに気づけば、差別のない社会をつくることは可能なのです。

家族のいさかい

コロナによる自粛期間中、
最初は家族で団結して乗り越えようと
話していたのですが、だんだんストレスが溜まり、
些細なことでケンカになることが増えました。
家庭内暴力が増えたという話も聞きます。
家族とは何なのでしょうか？
どう付き合っていけばいいのでしょうか？

Q4

家族にも適切な距離が必要。相手を思いやり、感謝することから始める。

家族で家にずっといると、何かしら争いが起きます。

相手に「こうしてほしい」と思ったとき、そのとおりにしてもらえなくてイライラする――そういう気持ちになるのは、家族が誰よりも近くにいて、親しい存在だからです。

何をしてもらうのもあたりまえになり、相手の立場を考えずに、自分の都合で話をしてしまう。「あれ取って」「掃除しなさい」「勉強しろ」……親しすぎるせいで、言葉にも思いやりがなくなっていきます。

しかも、自粛で家にいる時間が長くなれば、家族のかかわりもいつも以上に増します。お互いに相手への要求が強くなり、ストレスが高まり、ついにはケンカになるのです。

でも、考えてみてください。他人が相手ならそんな態度はとりませんよね。遠慮や距離感があるからです。親しき中にも礼儀あり。家族にものを頼んだり、注意するときも、言葉を丁寧に選べば争いを避けられます。

たしかに、いまの世の中は不安が多く、気軽に外に出かけられないことでイライラがたまり、家族にあたったり、愚痴を言うことが増えてしまうかもしれません。でも、こんな時代だからこそ家族は大切です。感染予防のために「ソーシャルディスタンスをとりましょう」と言われますが、適切な距離を保つことは家族においても重要です。よそよそしくするということではありません。身近な相手だからこそ尊敬し、相手の立場を考え、思いやりと感謝の念をもって接しなければならないのです。

一年半ほど前、Tさんという女性が娘さんといっしょに私の道場にやって来て、

「主人が短気で、よく物にあたるんです」という相談をされました。気に入らないことがあると、扉が壊れそうな勢いでバーンと閉めるのだそうです。そんなご主人への嫌悪感と怒りでいっぱいになっていたとき、私の本に出会い、瞑想を実践してみたいと思って訪ねてきてくれたのです。

その方は私の教えに従い、瞑想をし、ご主人の幸せのために祈りを行うようになりました。最初はいやいやだったと言いますが、しばらくすると、「彼も本当は怒りたくて怒っているわけではないんだ。自己防衛をしながら一生懸命生きているんだ」と思えてきたといいます。

祈りによってTさんの意識が変わったことで、ご主人の行動も変わっていきました。機嫌が悪くなっても、扉を普通に閉めるようになり、一年ほどするとまったく怒らなくなったというのです。Tさんは「まるで奇跡のようです」とおっしゃっていました。そして、「それまでは常に他人と自分を比べて、足りないところばかりに目がいき、心のなかを不平不満でいっぱいにしていました。でも、瞑想と祈りをするようになって、まわりへの感謝の気持ちでいっぱいになりました」と報告してくれました。

当事者同士で向き合うだけでは、過去にこだわり、張り合う意識が抜けず、なかなか素直になれないものです。「うまくいかないのは相手のせい」「相手に変わってほしい」と思うだけでは、状況は変わりません。

まずは自分を変えるのです。自分が変われば、それは相手にも伝わります。そして相手も変わっていきます。相手に要求することをやめ、相手を思いやり、感謝することから始めてみましょう。

シンプルな体をととのえる動き

3 アキレス腱と足の甲の曲げ伸ばし

背中や首もほぐれ足の裏筋肉がほぐれます。

1 両足を投げ出して座ります。両手は後方床につきます。両足のかかとを突き出してアキレス腱を伸ばします。

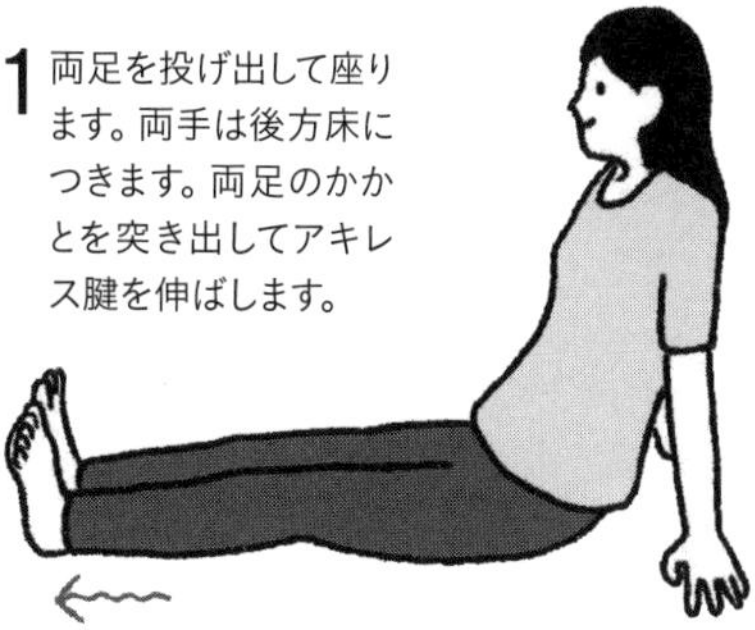

2 両足の足の甲を伸ばします。

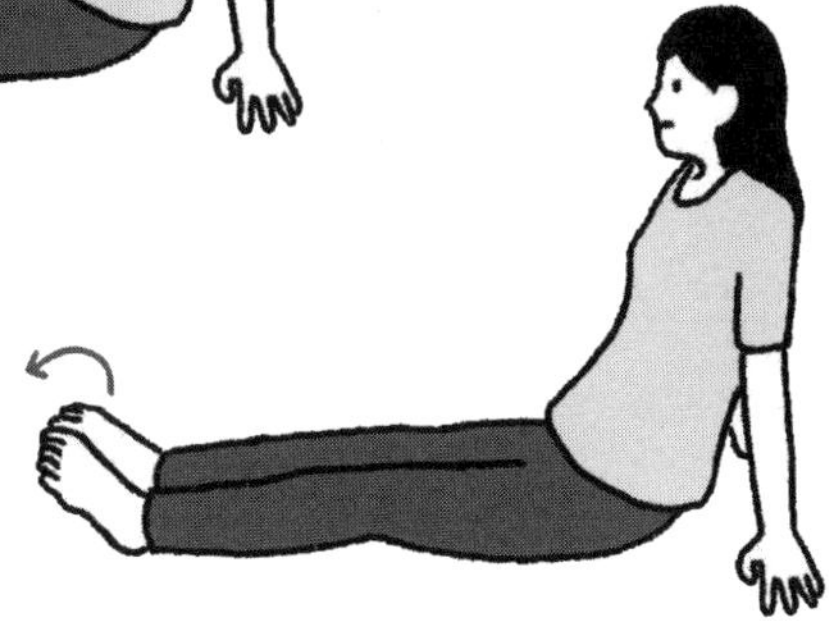

3 1と2を交互に繰り返します。4セット行います。

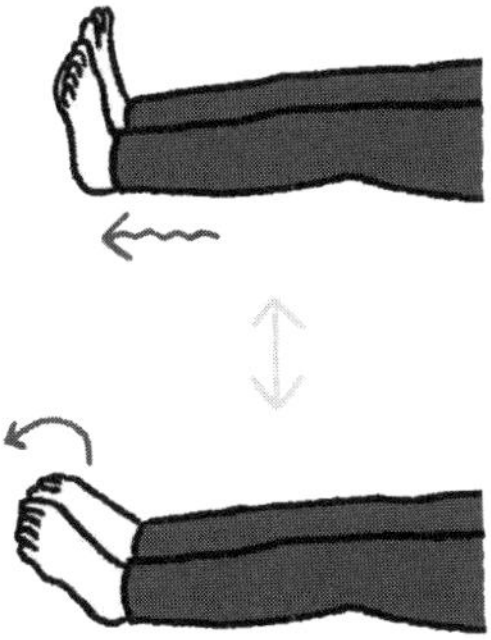

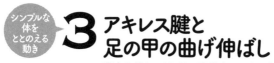

家族のケア

子どもが長い間引きこもりを続けている上に、最近は親の介護も加わり、悩みがつきません。なぜ家族にここまで苦しめられなければならないのでしょうか。

Q5

自分の外側ではなく、内側を変える。無償の愛を育めば、否定的な気持ちは消える。

介護は誰にも訪れる問題です。介護をしていると、「大変だ」「疲れた」「なぜ私ばかり……」といった否定的な思いが湧き上がってきます。引きこもりのお子さんを抱えている親御さんの苦労も察するに余りあります。心がそれ一色になると、ますますつらくなります。

そんなときは、「この経験は自分にとって大きな学びの機会なんだ」と考えてみてください。そして、育ててくれた親への感謝、子どもが生まれてきたときの喜びを思い返し、幸せを祈りましょう。

もちろん、そんなふうに思えないほどつらい出来事もあるかもしれません。家族にはいろいろな問題が起きます。それでもお互いを思いやり、助け合って生きていくのが家族です。

そのためには無償の愛が欠かせません。「こうしてほしい」「ああしてほしい」という愛から、相手を思いやり、相手に与える慈愛へと、あなたの愛を進化させる必要があります。

Hさんという女性も、家族の問題で悩んでいました。彼女の息子さんは、中学三年のとき学校でいじめを受け、不登校になってしまったそうです。担任の先生からは「息子さんの言動に問題がある」と何度も電話がかかってきて、それにうんざりした旦那さんは息子さんを怒鳴り散らし、家庭内は修羅場と化しました。息子さんは高校に進学してからもトラブルが絶えなかったそうです。

そんなあるとき、彼女が私の講演を聞いて、道場に訪ねて来たのです。やがて息子さんもいっしょに瞑想修行をするようになりました。そして数ヵ月後、担任の先生から、「息子さんは成長しましたね。同級生とトラブルを起こすことがなくなりました」と言われたそうです。

息子さんは家の手伝いもするようになり、大学にも合格。旦那さんは息子さんをほめるようになり、親子関係も穏やかになったといいます。暗かった彼女の顔にも光がさし、笑顔が見られるようになりました。

思春期の子どもが問題を抱えたとき、どう接していいかわからないという親御さんも多いかと思います。一方的に叱《しか》ってしまう。あるいは干渉しすぎたり、甘やかしすぎたりするケースもあるでしょう。逆にほったらかして、うまくいかないこともあります。

まずは、子どもを自分のものと考えるのをやめることです。神様からお預かりした大切な存在、ひとつの人格として尊重するのです。そして、その子との関わりから自分も学んでいく意識をもちます。

人間には心があります。子どもの心は純粋で傷つきやすく、人から何か言われたり、学校でいじめや差別を受けたりすることで壊れてしまうことがあります。いちど傷ついた心を回復させるのは大変なことです。

一方で、心の思い込みがコントロールできないほど強くなることもあります。すると、その子は自分勝手に振る舞うようになり、家族の間に不和をもたらします。

そういうときは、子どもを何とかしようとする前に、自分を見つめ直しましょう。身近すぎて、ついぞんざいな態度をとってしまいがちな家族にこそ、日々、感謝しなければなりません。相手の人格を尊重し、思いやりと無償の愛をもって接してください。

自分の外側の世界を変えようともがくのではなく、内側を変えればいいのです。瞑想修行はその手助けをしてくれます。深いところへ下りていき、根源の存在に触れることで、あなたのなかにある慈愛が目覚め、抱え込んでいた苦しみや不安、否定的な気持ちが溶けてなくなります。そうすれば、家族との関係はずっと楽なものになるでしょう。

シンプルな体をととのえる動き

4 上半身のうねり

上半身をほぐして、内臓を強化します。気の流れを良くする。

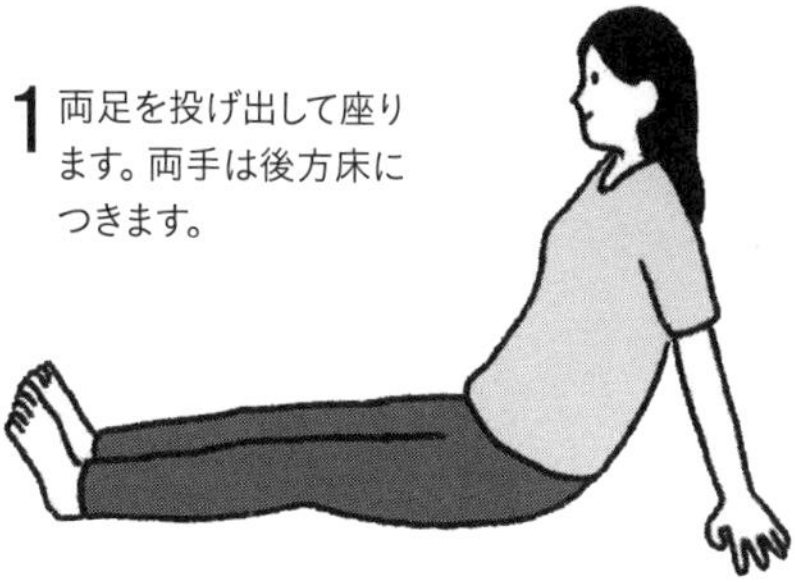

1 両足を投げ出して座ります。両手は後方床につきます。

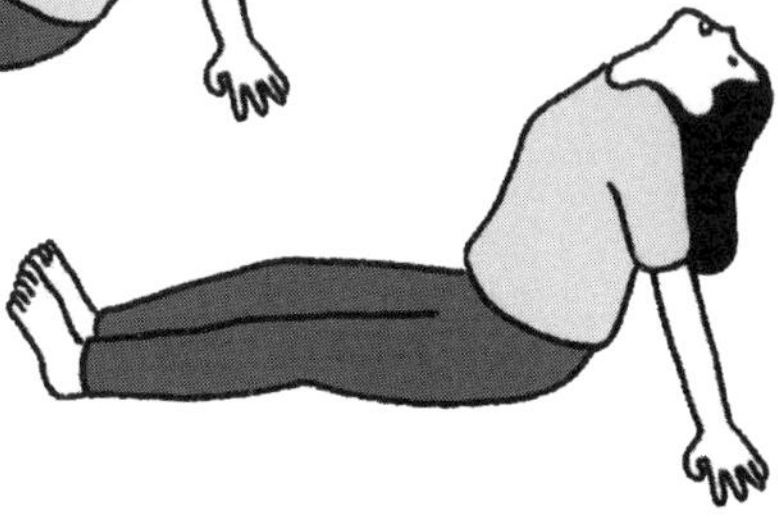

2 胸を突き出して反ります。3秒静止します。元に戻します。

3 胸をすぼめて背中を丸めます。手の力は抜きます。

4 **2**、**3**を繰り返します。ゆっくり5セット行います。両手を床から離して、太ももの上に置いてリラックス。

うつ状態

自粛生活で人づきあいが減り、
すべてに対してやる気がなくなり、
何のために生きているのかわからない状態です。
毎日どんよりとした気分で、
このままではうつになりそうで怖いです。
何か対処法はないでしょうか?

Q6

不完全な自分を愛し、許すこと。頑《かたく》なな心を溶かせば、光が射してくる。

最近は仕事が忙しすぎたり、プレッシャーやストレスが続いて、うつ状態になってしまう人が増えているようです。コロナ以来、さらに不安が高まり、気分転換の機会も減ってしまいました。事態はより深刻になるかもしれません。

そもそも人はどうしてうつになるのでしょうか？ さまざまな原因があるでしょうが、根本的な要因は、自分を否定する心にあるように思います。

まじめな人は何をしても自己評価が厳しく、「自分はダメだ」と責める傾向があります。そうした性格は長い時間をかけてつくられたもので、簡単に変えることはできません。

子ども時代、親から「こうしなさい」と言われ、そのとおりにできないと怒られた――そういう経験を重ねた人は、自分を否定する傾向が強いようです。

昨今は親も学校の先生も「褒めて伸ばす」教育方針に変わってきているようですが、私の子ども時代は、子を褒める親は愚かだと思われていて、うちの母も自分の子はけっして褒めませんでした。

親にとって子育てほど大変なことはありません。立派な人間になってほしいと理想を求めるあまり、厳しくなってしまうのでしょう。子どもは子どもで、親に対して理想の大人であることを求めます。その結果、お互いに相手のだめなところばかりに目がいき、否定的になってしまうのです。

私がインドへ行くたびに感心するのは、子どもが親を尊敬していることです。自分より上の存在を尊ぶという文化があるからなのですが、普段から彼らは神を信じ、マスター（師）を敬っています。それによって、高次元の存在からパワーを受けとれると考えているのです。

日本でも昔は「目上の人を敬いましょう」と言われましたが、最近はそうした意識も薄れているように感じます。教育が、ひたすら知識や情報を詰め込むものになっているからでしょう。

そうやって人格を形成してきた人は、なかなか相手の言うことを受け入れられず、まわりと衝突し、そのたびに心が傷つき、自分を否定することになります。その頑《かたく》なな心を溶かさなければ、憂うつな思いから抜け出ることはできません。

大切なのは、自分を愛し、受け入れることです。

何かがうまくできないときでも、自分自身を許すのです。

すべてを完璧《かんぺき》にこなす必要はありません。できることから一つひとつやっていけばよいのです。小さなことでかまいません、うまくいったときの感覚を思い出しながら、目の前のことに集中してみましょう。そうすれば、憂うつな気分から解放されるはずです。

私のところへ訪ねてくる人たちにも、うつ状態の方がいます。

「幼いころから暗闇《くらやみ》の中を生きているような感覚がありました。世の中はいつも自分に対して意地悪で冷たく、嘲笑《ちょうしょう》に満ちていると思っていました。いつも黒い塊《かたまり》が心の中に沈んでいて、何かの拍子に表面まで浮かび上がっても、すぐに重く暗い世界に引き戻されるのです」

そう言っていたTさんという女性は、瞑想を続けることで、どんどん変わっていきました。「本当に不思議なのですが、瞑想をしていると、いままでどうしても消えることのなかった重く暗く冷たい塊に、光のような何かが届き、作用している感覚があったのです」と語るまでになったのです。

なかなか自分を変えられないという方には、ヒマラヤシッダー瞑想を学ぶことをおすすめします。

瞑想といっても単にリラックスする瞑想ではなく、悟りのマスターが導く瞑想です。それによってあなたは浄化され、行動する力、生きる力が湧き上がってくるでしょう。

その力は信じられないほどあなたを強くしてくれます。

いまは暗い闇のなかにいても、あなたの内部には光り輝くエネルギーが眠っているのです。

第2章

体をととのえる

Q7

病気の不安

コロナの不安もありますが、
それ以前から健康診断での数値が悪く、
成人病やがんも心配です。
若いころに比べると体力が落ちたのも実感しています。
忙しい日常で、健康を保つには
どうすればいいのでしょうか。

病気とは、心と体が立ち直るプロセス。自分を見つめ、自然な生き方を取り戻す。

現代社会では科学が発達し、生活が便利になりました。その一方で、多くの人が不自然な生き方をしています。それが心と体に負担を与えるのです。

夜遅くまで仕事をしたり、人間関係にストレスを感じたり、暴飲暴食をしたり……心身に負担をかける原因をあげればきりがありません。現代人の生き方を見ていると、むしろ病気にならないのがおかしいぐらいです。

それらの負担を心身が受け止められなくなり、精神や生理機能の限界まで来ると病気になります。心はマイナス思考に陥り、体も動かなくなります。いわば機能停止の状態です。

病気になるのは、外から入ってきたウイルスや細菌だけが原因ではありません。あなた自身が限界を超えて自分の体に負担をかけてしまったのも原因です。

病気になると、体は熱を出して、ウイルスや細菌を退治しようと闘い始めます。体がだるくなったり痛くなったりするのは、体が自らを修繕しようと一生懸命闘ってくれている証拠です。その間はじっと動かず、ひたすら回復するのを待つしかありません。

病気とは、あなたの心と体が立ち直るための過程でもあるのです。だから、私はよく「病気にも感謝しましょう」と言っています。

人間の心と体は自然が与えてくれたものです。病気になるということは、生き方が不自然になっていることを表しています。何かが過剰になったり、不足したりしているのです。病気をむやみに恐れるのではなく、自分の身に何が起きているのかをよく観察しなければなりません。

軽症のときは、しっかり休息をとれば、体は自然に回復していきます。しかし、限界を超えて痛めつけられると、自然の力では回復できなくなることがあります。

その前に手を打たなければなりません。泥棒を捕えてから縄をなう「泥縄式」ではだめです。病気になる前に日頃からチェックすることが大切です。

そこでも瞑想が役に立ちます。心を浄化して意識が覚醒すると心身の異常に気づくことができます。悪いところに気づいたらなぜそうなったかを考え、生き方を反省し、改善します。そうやって日々、気づき、反省、進化を繰り返していれば病気になることはないでしょう。

でも、自分だけでそれを行うのはなかなか難しいものです。病気に悩んで私を訪ねてくる方もたくさんいます。

たとえば、中学生のときから二〇年もアトピー性皮膚炎に苦しんできたTさんという男性がいます。爆発的に悪化する時期もあれば、治まる時期もあり、一進一退を繰り返してきたそうです。

病院を転々とし、ステロイド薬から漢方、自然療法など、ありとあらゆる治療法を試して右往左往。常に爆弾を抱えて生活しているようで、半分希望を失い、精神的にも参っていたと言います。

このように慢性化した病気については、深いところから自分の体質を変えなければ治りません。医療機関で治療を受けるのも大切ですが、対症療法を繰り返しても、根元にある問題は消えないのです。

そんなとき、彼は私のもとへやってきて、浄化と瞑想秘法の儀式を受けることになりました。それをきっかけに治療がうまくいき始め、やがて完全に皮膚炎は消えました。

他にも修行をする過程でがんから回復したり、脳卒中の後遺症が改善したという方もいます。「そんな奇跡のようなことが起こるはずはない」と思う人もいるでしょう。

しかし、考えてみてください。現代の病気の多くは、ストレスや不自然な生活が原因になっています。「ディクシャ」という瞑想秘法と高次元のエネルギー伝授の儀式を受け、根本的な原因を解決し、心身のバランスを取り戻すことができれば、症状が改善する奇跡が起きるのです。

私はヒマラヤで修行したとき、「涅槃《ねはん》」という究極の悟りを体験しました。心と体を浄化して無心になり、源にある魂に達し、さらに神と一体になったのです。その境地に達すると、心身のすべてが再生し、最高の状態になって覚醒します。

そのステージに到達するのは簡単ではありません。しかし、正しい指導を受ければ、誰でも瞑想はできるようになります。それを日々続ければ、心身をコントロールできるようになり、病気を恐れることはなくなるのです。

Q8

病気にならない生き方

病気になりにくい生き方はありますか？
食事、睡眠、運動については
どう考えればよいのでしょうか。

本当のヨガを学び、生活で実践する。潜在意識が変われば、自然に健康になる。

「ヒマラヤ秘教」は、根本から人間を変え、豊かにしてくれる教えです。何物にも負けない丈夫な体、不動の心をつくる実践的な教えでもあります。修行を積むことで、病気にもならなくなります。そこまで完成された強い人になるには時間がかかりますが、基本的な考え方は、きっとみなさんの役にも立つと思います。

修行には段階があり、最初は「ヤマ・ニヤマ」という教えを実践することから始めます。これはヨガの八支則《はっしそく》の一番目と二番目にあたり、生活をする上での基本的な心構えになります。

ヤマは日々の生活のなかで「してはいけない五つのこと」です。①非暴力（すべてのものに慈愛を持ち、誰も、何も、自分も傷つけない）。②不嘘・誠実（嘘をつかない。本当の自分をあざむかない）。③不盗（欲望から、無知から、盗むことをやめる）。④不過度・禁欲（何ごともしすぎない。欲に溺《おぼ》れない）。⑤不貪（むさぼらない。本当に必要な量だけですませる）。

一方のニヤマは「するとよい五つのこと」です。①清浄（体も心も清らかに保つ）。②知足（足るを知る。すでに満たされていることに気づく）。③苦行・鍛錬・精神統一（やるべきこと、目の前のことから逃げず、粛々と行い続ける）。④学習・自己の探求（「私」とは何か、本当の自分とは何かを探っていく）。⑤降伏（すべてを信じ、ゆだね、お任せする）。

ヨガというと、多くの人は体操のようにポーズを取っている姿を思い浮かべるかもしれません。しかし、本来は内面の修行も同時に行い、悟りを得ていくための道なのです。そのために、まず日々の行為を愛ある正しいものにし、心身をととのえていくのです。

ヤマ・ニヤマを学ぶことで、食事、睡眠、運動はもとより、働き方、休み方も含めた生活のすべてが変わり、自然に人格が磨かれ健康になります。

心身のコントロールについて、もうすこし詳しく説明しましょう。

人には外部からの刺激を受けとる感覚器があります。目は視覚、耳は聴覚、鼻は嗅覚《きゅうかく》、舌は味覚、皮膚は触覚。そこからもたらされる刺激が心に働きかけ、さまざまな欲望を生み出します。欲望はさらなる欲望をかきたてます。

欲しいものが手に入らなければ、「悔しい」「悲しい」という気持ちが湧き起こり、手に入ったとしても「もっと欲しい」という気持ちになります。欲望に駆られた心は満ち足りることがなく、常に騒々しく、せわしなく求め続けます。

そうした行為を繰り返していると、エネルギーを消耗し、心も体も疲弊していきます。それが病の元になるのです。

私たちの心は、普段ものを考えている顕在意識と、もっと深いところにある潜在意識、さらにその奥にある無意識から成り立っています。潜在意識には、過去に叶《かな》わなかった欲望の記憶が溜《た》まっています。それがいろいろなこだわり、心配、不満を呼び起こし、あなたを苦しめているのです。

自分ではどうしようもないことを延々と繰り返し考えてしまうのも、潜在意識のせいです。人間、ときには諦《あきら》めることも必要。足るを知る心を養わなければなりません。

欲望をコントロールし心を平和にするためには、潜在意識を変えなければなりません。潜在意識が変われば、気質や体質が変わり、すべてがよい方向に向かいます。潜在意識を変えるためには、ヒマラヤ聖者・究極のサマディを成した悟りのマスターから内側をととのえ目覚めさせ、源につなげるエネルギーの伝授を受けます。そうすれば道筋をととのえて、修行を行っていくことができます。そして、あなたの源にある、純粋で汚れのないエネルギーにつながり、潜在意識が浄化されていきます。

すると、いままで欲望とストレスのせいで曇っていた心が浄化されて、本当の自分への道が開かれていきます。やがて深いところから、知恵が現れ、慈愛を育み、生命エネルギーを無駄遣いせずに生きていくことができるようになるのです。そうなれば自然に心身の調和がとれ、病気になることもありません。

医療で病気の箇所だけを治そうとしたり、極端な健康法に走る人もいますが、それでは本当に健康になることはできません。

Q9

免疫力を高める

最近よく「免疫力を高めよう」という話を聞きます。
秘訣のようなものはありますか?

無駄なエネルギーの消耗を避け、深い休息によって、心と体をメンテナンスする。

免疫は、病気に打ち勝つための防衛システムです。免疫細胞が体に入ってきたウイルスや細菌を覚えると、次からは抗体をつくって素早くやっつけてくれるようになります。こうした精巧な機能が、人間の体にはもとから備わっているのです。

ところが、体が疲れていたり、ストレスが溜まっていると、この免疫がうまく働かなくなってしまいます。免疫力を高めるには、先ほど説明したヤマ・ニヤマに沿った正しい生活をするのがいちばんです。

自然界では、昼間は太陽がのぼり、生きものが元気に活動します。動物は草原や森を駆けまわって餌《えさ》をとります。植物は光合成を行い、美しい花を咲かせます。

一方、夜になると、みな眠りにつきます。休息することで、昼間にとった栄養を体の各部に運び、自らをメンテナンスするのです。

人間はそういう自然の摂理に従って生きることの大切さを忘れています。現代人はとくに心と体を不自然に使うことで、たえずエネルギーを消耗しています。昼間、私たちは一生懸命働いたり、話をしたり、体を動かしたりします。それらの活動はたくさんのエネルギーを使います。さらに、夜になっても休むことなく、パソコンやスマホで情報を追いかけている人が多いのではないでしょうか。あれこれ情報に振り回され、人と比較して思い悩んだり、否定的なことを考えて消耗し、眠りも浅くなる——これでは心が休まる暇がありません。

本来、夜は休むための時間です。太陽が沈んであたりが暗くなれば、外部からの刺激は減り、感覚器官の活動も、心の動きも鎮まっていきます。それによって私たちは昼間、活動している間にはできないメンテナンスを行い、生命エネルギーを充電していきます。その昼と夜の役割のすみわけが正しく機能していれば、免疫もきちんと働いてくれます。

しかし、現代社会では多くの人がエネルギーの回復が追いつかない生活をしています。まずは深い睡眠をとり、心身に充分な休息を与えてあげなければいけません。

さらにエネルギーの消耗を抑えるため、心を使いすぎない工夫も必要です。

あれこれと心配することをやめ、楽しいことを考えましょう。笑うのもいいことです。

また、ものごとを好きか嫌いかでジャッジするのではなく、ニュートラルに見るようにします。心のリアクションに左右されて感情的になるのを避けるのです。

また過去の記憶やコンプレックス、欲望も心を無意識に働かせるので消耗させます。これを浄化するためにも、いちばんおすすめしたいのはやはり瞑想です。瞑想は目覚めながらに行う休息でもあります。体と心をよい方向に使い、よいものをバランスよく食べ、しっかりと休息し、瞑想をします。そうすることで生命力は自然に回復し免疫もきちんと働いてくれます。

自分を愛しましょう。もし病気になったとしても、自分を責めてはいけません。否定的な心になって消耗するのではなく、自分を信じ、生命力を消耗しないことが大切です。

シンプルな
体を
ととのえる
動き

5 上半身の伸び

わき腹が伸び、左右のバランスが取れます。内臓に良い。

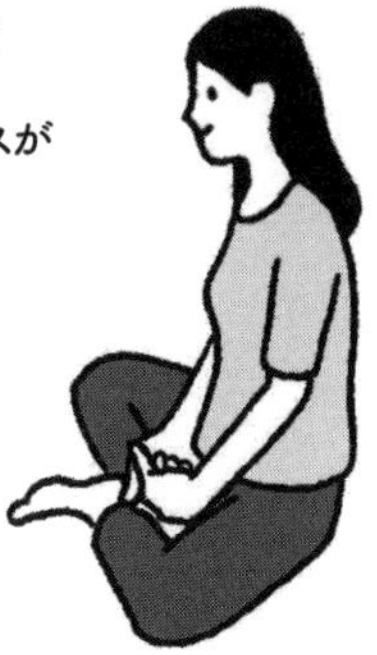

1 あぐらを組んで背筋を伸ばして座ります。

2 両腕を上に伸ばします。

3 右腕だけをさらに上に伸ばします。元に戻してリラックス。

4 左腕だけさらにを上に伸ばします。元に戻してリラックス。

5 **3**、**4**を交互に3セット。
そのあと**3**、**4**ををさらに早くリズミカルに行います。交互に4セット。

Q10

ダイエットが失敗する理由

もう何年も、いろいろな本を読んで
いくつものダイエット法を試していますが、
うまくいったためしがありません。
どうすれば痩せて美しくなれるのでしょうか？

心の癖がダイエットを失敗させる。心が変われば、食欲に翻弄されなくなる。

長い間マスコミなどを通じて、「痩《や》せているほうが美しい」「痩せていると洋服が似合う」という宣伝が繰り広げられ、痩せていなければならないという価値観が植え付けられてきました。

そのせいで誰もが痩せることにこだわり、ダイエットに励んでいます。いまは自由な世の中です。いろいろな情報が手に入り、お金をかければエステサロンやジムに通うこともできますし、さまざまな健康食品を手に入れることもできます。よい情報や商品を手に入れ、言われたとおりにダイエットすれば痩せられると思い込み、多くの人が試みます。

でも、最初はうまくいっても、やがてリバウンドして失敗に終わることがほとんどです。なぜでしょうか？

心には考える癖があります。一度スイッチが入ると、同じことを何度もぐるぐると考え続けます。それを繰り返すうちに、ある思考パターンがその人の生き方を決め、性格をつくっていきます。せっかちだったり、のんびりしていたり、こだわりすぎるなど、人によってさまざまな心の癖があります。

そうした心の癖がダイエットを失敗させるのです。一時的に痩せたとしても、心の癖は依然として残っているため、昔の思考パターン、行動パターンに戻り、食べることへの執着が再開します。それは「心」が自らの癖を守ろうとする防衛反応でもあります。

むりやり食事を減らしたり、運動量を増やしても、心が変わらなければ、元に戻ろうとする力が働きます。新しいダイエット法を試しても結果は同じです。

心を変えないかぎり、体は変わりません。痩せたいのであれば、「痩せたい」という欲望から入ってはいけないのです。

ヤマ・ニヤマの教えを守り、まずは生活を正すこと。そして、自分の内側から健康になるイメージをもつことです。そのためには瞑想を行い、心を落ちつかせます。そうすれば、食事もほどほどの量で満足できるようになり、バランスもよくなってくるはずです。やがて体がノーマルな機能を回復して、体重も自然なところに落ちつくでしょう。

ただ、自分の心を自分で変えるのはなかなか難しいものです。正しい方向に導いてくれる指導者が必要です。私に指導を求めに来る人のなかにも、体重や体型を気になさっている方は大勢います。

Rさんという女性は、小学生のころからダイエットを意識し始め、体重測定の前には食事を抜いていたといいます。そして高校生のとき、付き合っていた人にふられたのをきっかけに、「私が満たされないのはかわいくないからだ」と思い込んでしまったのです。もともと体重は標準よりも少なかったにもかかわらず、もっと痩せればかわいくなれると考え、無理なダイエットをして拒食症になってしまいました。さらに反動で過食になり、食べた後は罪悪感から嘔吐《おうと》を繰り返すようになっていたそうです。

「いま思うと食べものを粗末にしていました。食べさせてくれていた両親に申しわけなくて、反省してもしきれません」とRさんは語ります。

その後、彼女は私と出会い、瞑想や奉仕活動をするなかで内側から変わっていきました。いまでは体重は自然に落ちつき、体調もよく、自分を美しいと思えるようになったそうです。

一方、男性のUさんは小学校の頃から食べることが大好きで、お腹《なか》は二段になり、胸は垂れるほど太っていました。社会人になってからダイエットを行い、八〇キロの体重を六四キロまで落としたものの、すぐにリバウンド。何度も太ったり痩せたりを繰り返してきたそうです。

その頃はいつも不安やイライラを抱え、食事やお酒に走っていたといいます。ところが、瞑想を続けるうちに、怒りやストレス、葛藤《かっとう》が消えていきました。いまでは食欲に翻弄されることもなくなり、頭も冴《さ》え、仕事もうまくいくようになったとのこと。

このように、心が変われば、生活習慣が変わり、ダイエットなどしなくても、自然な体型を手に入れることができるのです。

第3章

仕事とお金の不安

Q11

リモートワークの悩み

リモートワークになり、
通勤の負担が減ったのはいいのですが、
仕事に手応えが感じられず、
人間関係も希薄になってしまいました。
味気のない毎日で、今後の仕事のあり方について
漠然とした不安を感じています。

新しい日常に必要なのは、セルフコントロールとコミュニケーション。

生活にはメリハリが必要です。一見むだに見えた通勤時間にも、じつは意味があったのかもしれません。朝起きていきなり仕事を始めなさいと言われても、なかなか難しいものです。身支度をととのえ、家を出て歩き、電車に乗り、会社に向かう。その一連の流れが、仕事に取り掛かるためのウォーミングアップになっていたのではないでしょうか。

家で仕事をすると、そういった準備の時間が消え、また同僚や上司の目もなくなるので緊張感が薄れます。数日ならともかく、それが数ヵ月、あるいは一年以上も続くとなると、生活にメリハリがなくなり、仕事に対する張り合いも失われてしまうと思います。

この新しい日常に対応するためには、セルフコントロールの力が必要です。まずは、通勤していたのと同じ時間に起きて、近所を散歩することから一日を始めてみてはいかがでしょうか。景色を見ながら体を動かし、頭をすっきりさせるのです。家族と会話を交わしながら朝食をとり、その後、時間を決めて仕事に向き合いましょう。

リモートワークでもうひとつ気をつけなければいけないのが、コミュニケーションの問題です。お互いの作業が見えないため、「上司や部下はこう考えているだろう」と勝手に思い込んで仕事を進め、失敗してしまうことがあります。また、会話がないことが不安も高めます。離れて働くからこそ、しっかり連絡をとりあい、丁寧に確認しながら仕事をすることが大切です。

その点、いまはＺｏｏｍなどの便利なツールもあります。私もオンラインで会員のみなさんとお話しするサロンを開いていますが、意識を集中すれば、リモートでも深いコミュニケーションがとれるのを実感しています。

通勤時間がなくなったことで生まれた時間も有効活用したいものです。

人づきあいが減ってしまったのは悲しいことですが、自分を見つめ直す時間をもらったと考えて、いままでやれなかったことに挑戦してみてはいかがでしょうか。語学を勉強したり、資格をとったり、スキルアップして自分の実力を高める時間にあてるのもよいでしょう。

これを機に瞑想の習慣をつけるのもおすすめしたいと思います。心が整理されてリラックスでき、セルフコントロールする力も養えます。その状態で仕事に取り組めば、きっといままで以上にクリエイティブな発想ができるはずです。

この状況を前向きに捉《とら》えて、自分を変えるのです。

仕事で悩んで私のところへやってくる方はたくさんいます。

Iさんという女性は、就職活動で内定をもらうのに苦労し、希望していなかった会社に入社することになりました。働き始めてからは、「こんな仕事はしたくなかった。自分には向いていない」と思う毎日。寝ても覚めても「辞めたい」という言葉が頭をかけめぐり、いやいや働いていたといいます。

そんなとき、私と出会い、瞑想を実践することになりました。すると、好き嫌いで仕事を判断することがなくなり、「私には知識も技術も経験も足りない。お給料をいただきながら学ばせてもらっているんだ」という意識に変わったのです。

それからは何事にも積極的に取り組むようになり、一年後には社内コンテストで優秀賞を受賞したそうです。

「どんな小さな仕事でも感謝しましょう」。仕事で悩んでいる人に、私がよくかける言葉です。仕事の内容や人間関係、環境も大事ですが、それ以上に大切なのは取り組む際の心構えです。まず、働けることに感謝することから始めましょう。

そのポジティブな波動は、必ずまわりの人にも伝わります。

やがて、あなたの仕事をめぐる環境も変わっていくはずです。

シンプルな体をととのえる動き

6 両腕前伸ばしのねじり

体の上半身のねじりの刺激で、肝臓や肺、胃腸によい。

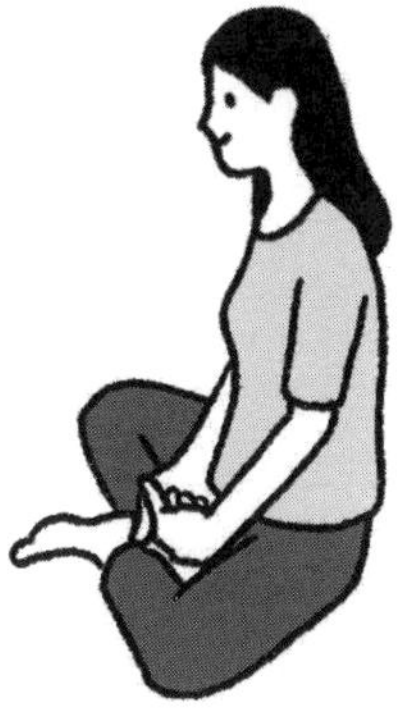

1 あぐらを組んで背筋を伸ばして座ります。

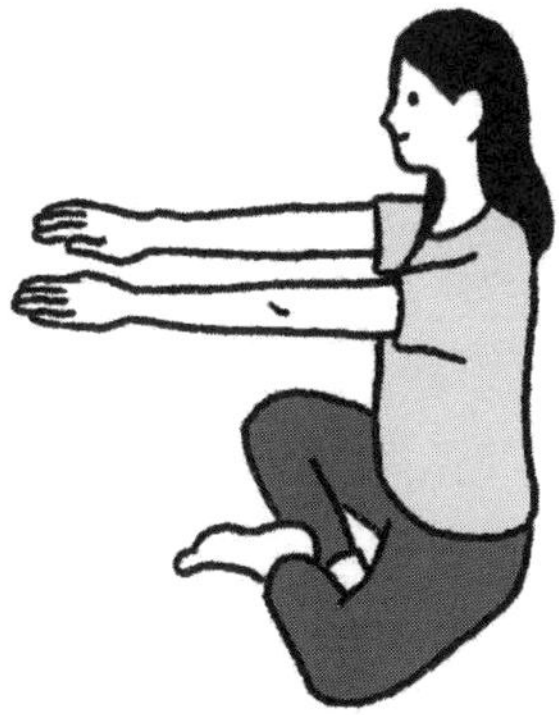

2 両腕を前方水平の位置に伸ばします。

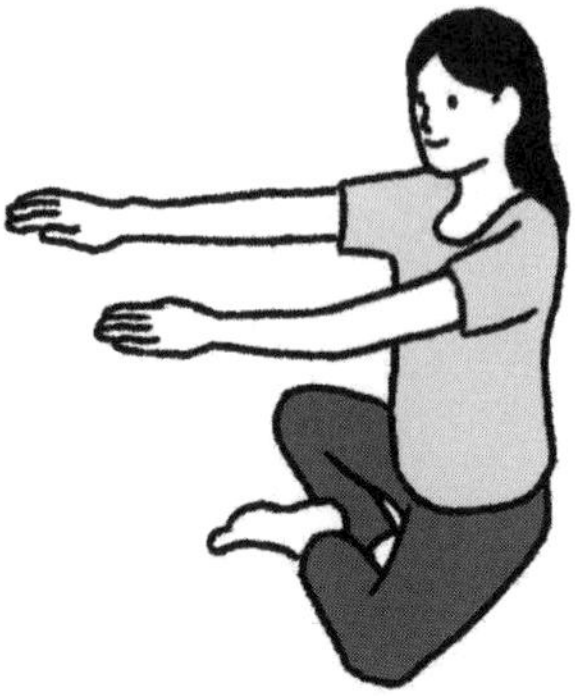

3 右腕のみをさらに前に突き出し伸ばしきります。元に戻して緩めます。

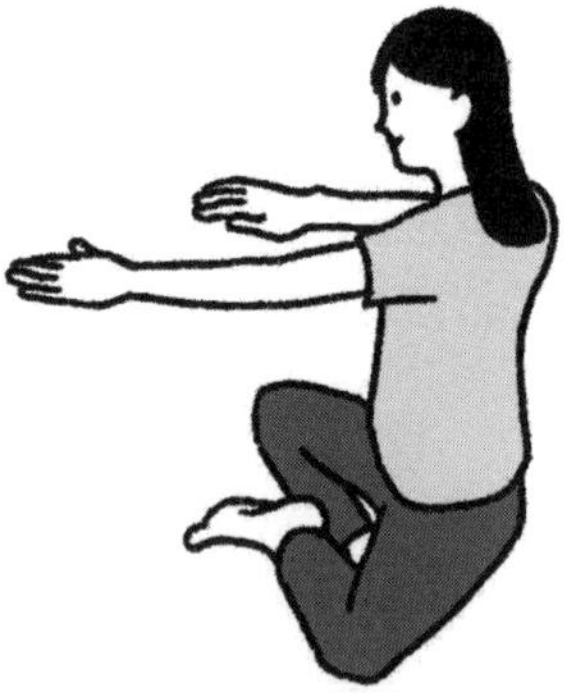

4 左腕のみを前に突き出し伸ばしきります。元に戻して緩めます。

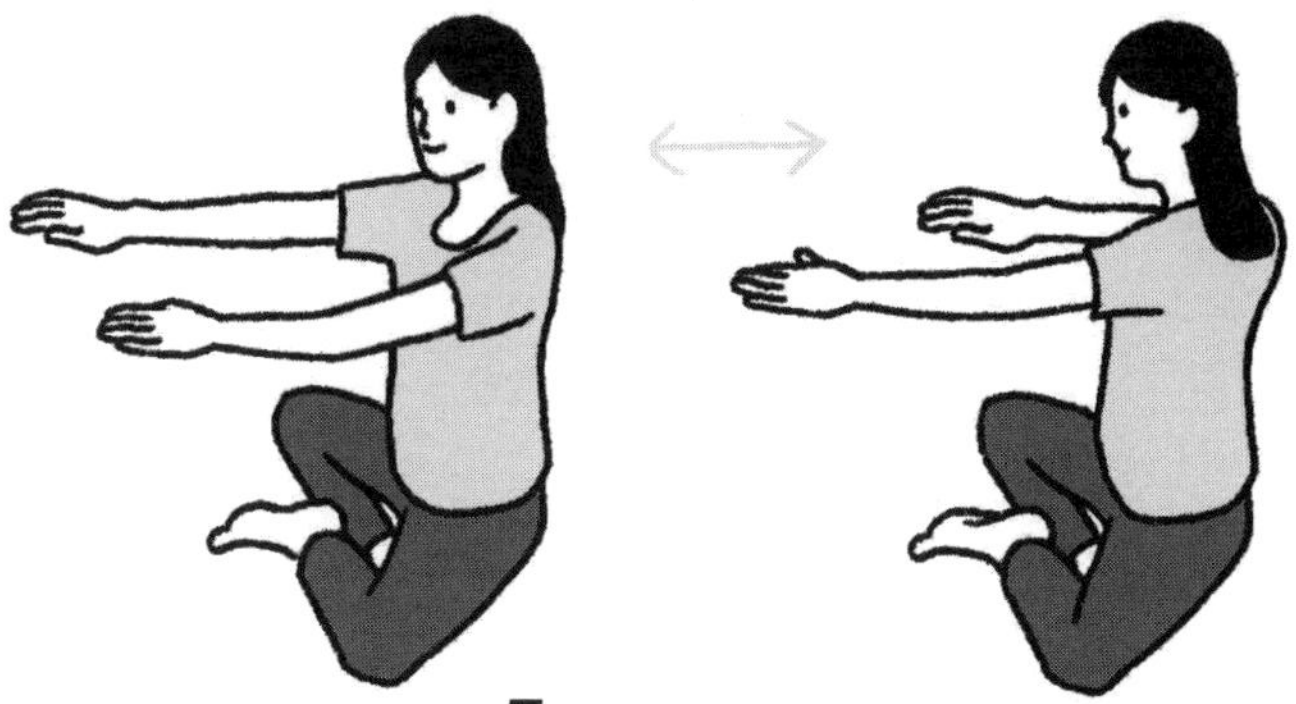

5 3、4を交互に3セット行う。

6 3、4を交互にリズミカルに早く行う。4セット行う。

仕事がなくなる時代

会社の業績が傾き、
まわりで早期退職する人が増えています。
今後、コロナ不況とAIの進化でいろいろな職業が
なくなるという話もあり、とても不安に感じています。
これからの時代、仕事というものを
どう考えていけばいいのでしょうか。

Q12

人間力と不動の心があれば、どんな時代になっても生きていける。

すべてのものごとは、たえず変化しています。

会社の経営状況も、時代に応じて良いときもあれば、悪いときもあります。業績が悪化していくなかで何もしなければ、会社は倒産してしまうでしょう。災いを転じて福となす。危機をバネにして飛躍した事例はいくつもあります。

ただ、危機感から一生懸命に働くのと、不安から無理をするのとは違います。

たとえば、フリーランスで働いているKさんという女性はこんな経験をしました。

彼女はいくら稼いでも将来への不安が消えず、常に仕事をしていないと落ち着かない毎日を過ごしていたそうです。収入が増えてからも不安はつきまとい、「もっと稼がなきゃ」と、心身ともに限界まで働き続ける生活を三年くらい続けたある日、背中と首の痛みがひどくなり、とうとう働けなくなってしまったのです。

私と出会ってから、彼女は大きく考え方を変えました。瞑想を続けることで不安が小さくなり、体調もよくなり、「収入が減っても大丈夫。できることを、できる範囲でやればいい」と思えるようになったといいます。

大切なのはバランスです。なるようにしかならないと諦め、まったく努力をしないのもいけません。時代の変化を見て、自分にできることを行いましょう。

どんなにAIが進歩しようとも、仕事に人間力が必要なのは変わりません。スキルアップと同時に、その根本的な力を養うのです。

それに加えて、瞑想で心をととのえ、不動の精神力を身につけたいものです。揺れない心。これがあればどんな時代になっても生きていくことができます。

シンプルな体をととのえる動き

7 手足の開閉体操

全身の新陳代謝を高める。

1 仰向けに寝て両手両足を上にあげます。右腕手前、左腕奥で腕を交差させます。足も右足手前、左足奥で交差させます。

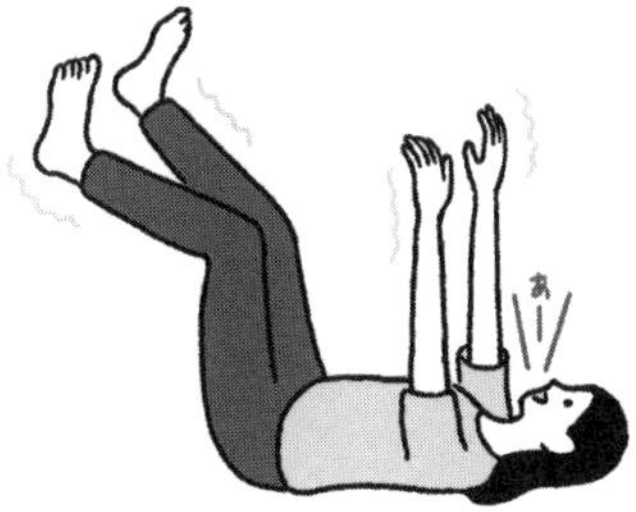

2 1から手足を大きく開いて反対に交差をします。素早く交互に交差させ5セット行います。

3 足と手を上に向けて上げます。20秒細かに振動させ、あーと声を出してみましょう。

シンプルな体をととのえる動き

8 猫のシェイク

全身をととのえる。

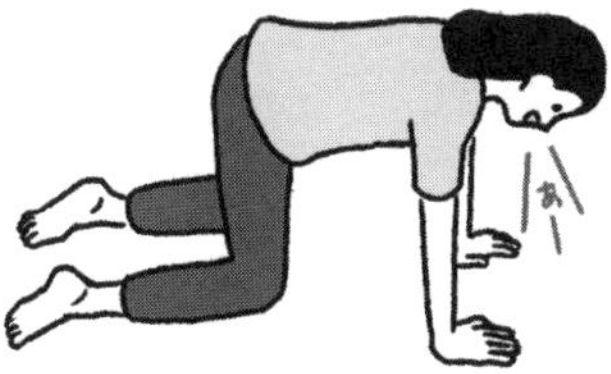

四つん這いになり、体を20秒振動させます。あーと声を出して行います。

お金の使い方

不景気な上に、消費税が上がり、
住宅ローンの返済なども考えると、
今後の生活が不安です。
節約しなければと思いつつ、ネットショッピングなどで
つい浪費してしまう自分もいます。
お金の正しい使い方を教えてください。

Q13

お金はあの世には持っていけない。お金への執着を捨てれば、かえって心は豊かになる。

日本人は戦後の焼け野原から、欧米に追い付き追い越せと豊かさを求め、モノを作り続けてきました。そして、電気製品や自動車を世界中に輸出し、ついには経済大国になりました。バブルの頃は景気が絶頂に達し、誰もが裕福になったように感じたものです。でも、人も国もずっと繁栄を続けることはできません。バブルが弾《はじ》けると、持つ人と持たない人の間に格差が出てきました。

いくらお金を持っていても、死ぬとき、あの世には持っていけません。それなのに、なぜ人はお金に執着し、貯め込もうとするのでしょうか？

それは、お金が生きていくためのエネルギーだと思い込んでいるからです。だから、減ってしまうと不安になるのです。

でも、心が豊かな人は、よいお金の使い方を知っています。自分の欲望のために使うのではなく、みんなが幸せになるためにお金を捧げるのです。西洋社会では寄付や奉仕活動が盛んです。そうした行為はお金やモノへの執着を取り払い、心を自由にしてくれます。そういう人はまわりに感謝され、さらに収入が増えるのです。

逆に、みんなが我先にとお金を奪い合う競争社会では、勝ち負けや貧富の差が生じます。すると世の中は、嫉妬《しっと》、怒り、恨みといった負の感情に支配されます。

お金で悩んでいる人の話を聞くと、たいてい強い執着を持っています。私のもとにやってくる人たちのなかにも、お金に執着している方がたくさんいます。

自分の心の寂しさやむなしさを埋めるために、お金を浪費していた人。旅行や外食、ファッションにお金をかけることが幸せへの道だと思い込んでいた人。あるいは、ひたすら節約してお金を貯めることにしか興味がなかった人。彼らは瞑想修行を通じて無償の愛や感謝をささげる練習をして、少しずつ執着を捨てていったのです。そして、お金を貯め込んだり、自分のために使うよりも、人に与え、奉仕する生き方に幸せを見出したのです。

お金が与えてくれるパワーは一時的なものです。それに対して、源の存在から与えられるエネルギーは無限です。誰にも奪うことができないし、減ることもありません。

そのエネルギーとつながり、多くの人に慈愛を贈れば、あなたはお金ではけっして得られない豊かさを手に入れることになります。それと同時に、お金を含めた豊かさもついてくるでしょう。

お金やモノをめぐって競い合う社会は限界に達しつつあります。いまこそ、与え、分かち合う社会をめざすべきときです。

シンプルな体をととのえる動き

9 首の前後左右まげ運動

頭をリラックス、肩や腕、呼吸器が楽になります。

1 あぐらをかいて、楽に座ります。

2 頭を横に曲げます。横の筋をしっかり伸ばし、元に戻します。

3 つぎに頭を反対側の横に曲げます。横の筋をしっかり伸ばし、元に戻します。

4 2、3を交互にしっかり伸ばします。3セット。

5 頭を前にまげます。元に戻します。

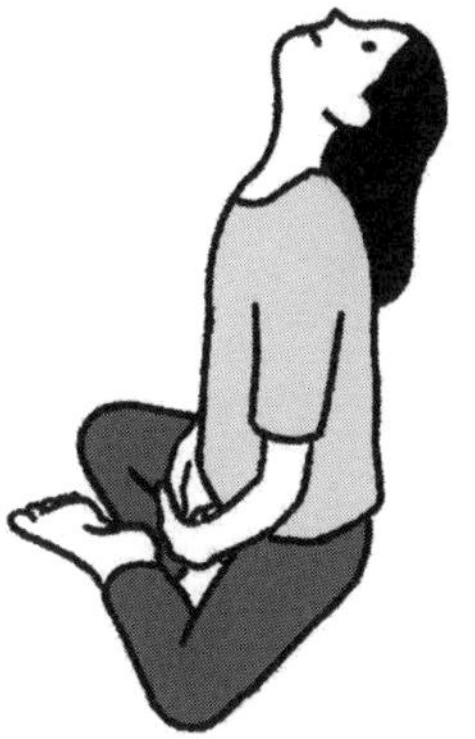

6 頭を後ろにそらします。元に戻します。

7 5、6をしっかり交互にゆっくり行います。4セット行います。

Q14

何歳まで働くべきか

定年退職後、再雇用されて働いていますが、
年収は大幅に下がりました。
七〇歳まで働く時代といわれますが、
体力、気力が続くか不安です。
いったい私たちはいつまで働けばいいのでしょうか？

何歳になっても、仕事は人間を成長させてくれる。こだわりを捨てれば、もっと楽に働ける。

私には定年がありません。もう七〇代の半ばですが、みなさんのために働き続けています。こうして本を書いたり、講演でお話をしたり、悩んでいる方たちのために、「ディクシャ」という瞑想秘法とエネルギー伝授の儀式や、研修を行ったりもしています。

悟りを得た者として、できるだけ多くの人に愛と祝福を与え、世界平和に尽くしたいという思いがあるからです。

人間は生きていくために働かなければなりません。それはただ日々の糧を得るためだけでなく、人生の目的と本当の自分を知り、覚醒していくためです。それとともに、みんなが助け合う世の中にしていくためでもあります。何歳になっても、仕事をしていると自分を成長させてくれるチャンスにめぐり逢えます。仕事を通じて社会に関わるのは大事なことです。

逆に、退職して仕事をしないで家にじっとしていると、エネルギーが淀《よど》み、心はいろいろな不安に襲われます。そうなると、家族との関係も悪くなってしまうでしょう。仕事でも、あるいは人が喜ぶことでも、一生懸命行うと、エネルギーが一定の方向に流れ、心が落ち着きます。

収入が減ったり、若い頃と同じようには働けなくても、仕事や生きがいがあるのは幸運なことです。社会のため、自分の成長のため、心の安定のために働き続けるのだと考えてみてはいかがでしょうか。

多少意に染まない仕事であっても、働けることに感謝して、一生懸命取り組んでみるのです。そうすれば、まわりから感謝され、生きる希望が得られます。

それでも、「疲れる」とか「歳だから」という思いが先に立ち、前向きになれない人もいるかもしれません。そんなときは瞑想をして心をととのえ、もういちど働く意味を考え直してみましょう。与えられた仕事に感謝し、役目を果たすことは、世のため、人のためばかりでなく、自分のためにもなります。それはよいカルマ（過去生から続く行為とその記憶）を積むことにもつながっていくからです。

定年後に再雇用で働く場合、ポジションや肩書きを失い、それまでのようなやりがいはないかもしれません。「低い給料でいいように使われている……」。そんな思いがよぎることもあるでしょう。でも、そのぶん責任が軽くなり、楽になったと考えることもできるのではないでしょうか。

心のなかのこだわりを捨てれば、楽しく働くこともできます。その上、いままで培《つちか》ったスキルを発揮し、人の役に立てるとしたら、とても幸せなことです。その時間をもっと楽しみましょう。

もちろん仕事ですから、大変なこともあるでしょう。でも、それも自己鍛錬の機会だと考え、力を養うのです。そうすれば、別の会社から声がかかったり、新しいチャンスに恵まれるかもしれません。何歳になっても自分を高める意識をもち、挑戦し続けることが大事です。

仕事で何回も挫折を繰り返してきたTさんという女性から相談を受けたことがあります。彼女はそれまで、「仕事は自分のためにするもの」と考えてました。「好きなことをして働く」ことにも強いこだわりがあり、理想と現実のギャップに苦しんでいました。

ところが、私のディクシャ（エネルギー伝授）を受けてからは、「自分のペースで、やれることから始めてみよう」という思いが芽生えたといいます。収入や仕事内容へのこだわりを捨て、小さな仕事にも前向きに取り組むようになってから一年。自然に感謝の気持ちが湧くようになり、収入も増えたそうです。

「こういう仕事をしたい」「たくさん稼ぎたい」といったこだわり、欲望を捨てれば、心が楽になり、ストレスなく働くことができるようになります。

社会の常識や年齢にとらわれず、いま自分にできることをすればよいのです。それを通じて人の役に立つことができれば、きっとあなた自身の生きる喜びにもなるでしょう。

Q15

貧乏になりたくない

最近、日本でも貧困率が上昇していて、
このままいくと貧富の差が
もっと広がると言われています。
「清貧」などという言葉もありますが、
正直、貧乏になるのはいやです。
勝ち組に残るにはどうしたらいいのでしょうか？

貧しいから不幸なのではない。本当の豊かさ、幸せの源はあなたのなかにある。

国民みんなが幸せに生きられるように、国は努力しています。企業は雇用を生み出し、よい商品やサービスを提供することで経済を発展させてきました。私たち国民も一生懸命働き、よい社会をつくろうとしてきました。

それでも格差は生まれます。お金を持っている人は勝ち組、お金のない人は負け組。そんな競争意識が強くなっているようです。

でも、考えてみてください。競争に勝つことがあなたの人生の目的でしょうか？お金やモノを手に入れれば、あなたは幸せになれるのでしょうか？

あなたが生まれてから死ぬまで持ち続けるのは、自らの心と体だけです。それは天から与えられた貴重な宝です。

たくさんお金を稼ぎ、素敵な洋服を身にまとい、高級車に乗っていても、その満足感は一時的なもので永遠には続きません。モノはどこまでいってもモノに過ぎません。生命が持つエネルギーはなく、いわば死んだものです。あなたに生命力を与えるものではないのです。

勝ち組と言われる人のなかにも、「もっと稼ぎたい」「もっと所有したい」と求めるあまり、不平不満ばかり言って、不幸な人がいます。そういう人は誰にも尊敬されず、愛されることもありません。貧しいとはそういうことをいうのです。

また、手に入れたものを失うことを常に怖れている人もいます。そういう人はいつも寂しさを抱えています。エゴを抑えきれず、モノやお金に依存しているかぎり、本当の幸せを手に入れることはできないのです。

幸せになるために必要なのは、お金ではありません。心を正しく使い、健康的に生きることです。よい心からは、よい行為が生まれます。よい行為は、よい結果をもたらします。あなた自身が愛と知恵の人になれば、人間関係も仕事もうまくいき、豊かな人生を送れるのです。

ヒマラヤの教えは、人間を内側から豊かにするメソッドです。それを学び、自分に打ち勝つ力と、まわりの人を幸せにする力を得れば、勝ち組、負け組といったことを考える必要もなくなります。

私のもとで修行しているKさんという男性は、かつては自分の満足のためだけにお金を使っていました。でも、いまは「まわりの人が幸せになるためにお金を使いたい」と感じるようになったといいます。

そんなある日のこと。私が開いた講演会の後、彼が平和な気持ちで電車に乗っていると、隣の席に座っていた小さな男の子が、「どうぞ」と言って飴玉《あめだま》をくれたそうです。

「以前の自分だったら、大して気にも留めなかったでしょう。でも、そのときはその子の気持ちがうれしくて、心の底から喜びが込み上げてきました」

Kさんはそういいます。瞑想者となった彼から湧き出るエネルギーが、子どもの純真な行動を引き起こしたのだと思います。飴玉ひとつはちっぽけなものかもしれません。でも、自分が変わることで、よいことが舞い込んでくるようになるのです。慈愛は人を幸せにします。心の持ち方ひとつで、この世界は幸せと豊かさに満ちたものに変わります。瞑想することで、人々のなかに元々ある純粋なエネルギーが目覚め、世の中は平和になっていくのです。

高度経済成長とバブルの頃は、お金とモノの豊かさを追い求めた時代でした。バブルの崩壊から、長い不景気を経て、いま私たちはコロナの時代を経験しています。お金とモノが与えてくれるのは上辺の豊かさに過ぎません。いま求められているのは真の豊かさです。そのためには心の修養が欠かせません。

「私にはお金がない」「スキルがない」「人脈がない」と言う人もいます。でも、あなたは心と体という、豊かに生きるための最大の資本を持っています。そこには創造性と無限のエネルギーが秘められています。それを与えてくれた見えない存在に感謝しましょう。そして、修行を積み、人間性を高め、能力を磨きましょう。そうすれば、きっと心豊かな人生を送れるはずです。

第4章

幸せな老後に向けて

更年期障害を乗り越える

更年期障害が始まり、体調の波が激しく、
精神的にも不安定です。
乗り越えるコツはないでしょうか？

Q16

更年期の変化は自然なこと。上手に受け入れれば、苦しみは避けられる。

私の事務所には多くの五〇歳を過ぎた女性スタッフがいますが、更年期障害を訴える人はひとりもいません。日頃から心や体の使い方について学び、瞑想と祈りを実践しているからでしょう。私自身にも更年期障害はありませんでした。

ただ、思い返してみると、私の母は更年期障害があったようです。腰が痛いと言って、一時期は歩くのもつらそうなときがありました。昔の人は手での洗濯やお掃除でかがむことが多く、また我慢強かったので、ひたすら耐えることで更年期を乗り越えていたようです。

人も動物です。動物は子孫を増やすために、生殖機能を与えられています。ところが歳をとると、その機能が失われていきます。それに伴ってホルモンの出方が変わり、体内のバランスが乱れることがあります。そのせいで体がだるくなったり、各部に痛みを感じたり、急に発汗したりします。人間はとくに心と体の異変を感じて、ストレスでイライラしたり、憂うつになったりします。

昔は、更年期障害は女性特有のものと思われていましたが、いまでは男性にも起こることがわかってきました。

更年期とは、簡単にいえば老化の入り口です。年齢とともに体が変化するのは自然なこと。老化は誰にでも起きることですが、上手に受け入れることができれば、苦しみは避けられます。

まずは一瞬一瞬の心の動きに振りまわされないことが大事です。「今日は疲れた」「元気が出ない」「イライラする」といった思いにとらわれないようにします。心配や不平不満が湧き上がってきたときは、楽しいことを考えましょう。悪い出来事にも感謝します。すべては学びの機会だと考えるのです。

人生にはいろいろなことが起きます。トラブルに巻き込まれることもあれば、病気にかかることもあります。そして、やがては誰もが老いて死んでいきます。その変化をスムーズにして、苦しみや悩みを取り去ってくれるのが、ヒマラヤ秘教の瞑想と祈りです。

私のもとに通ってくる方に話を聞くと、「いつ更年期の症状が出るのかな？　と思っていましたが、何も起こらないまま過ぎてしまいました」「若いときよりむしろ元気になりました。おばあさんになるのが楽しみです」という元気な女性がたくさんいます。

心と体を磨き続けていれば、美しく歳をとることができます。更年期障害を意識することもなく、楽に人生の後半を迎えることができるのです。

老化を受け入れる

鏡を見るたびに、白髪《しらが》としわが増え、
老化していく自分の姿が悲しいです。
どうすれば受け入れられるようになりますか？

Q17

いまの自分が最高の自分。変化を受け入れれば、むしろ若返る。

最近は何歳になっても、若さに執着し、エステに通ってアンチエイジングに励む女性がいます。私のところにも、外見が衰えていく恐怖や悲しみに耐えられず、相談にやって来る人がいます。

たとえばKさんは、世間にあふれるアンチエイジング美容の情報や広告を鵜呑《うの》みにしていたそうです。「老いることはマイナス。歳をとったら女性は終わり」と刷り込まれていたのです。

ところが、瞑想をするようになって、ネガティブな気持ちから解放されました。いままでは「ウェルカム・エイジング」の精神に変わりました。素敵に歳を重ねたいと思っています」と言っています。

Hさんは、二〇代から三〇代にかけては外側を着飾ることで頭がいっぱいで、毎日ばっちりお化粧をして、ファッションにもこだわっていました。でも四〇歳を前にして瞑想に取り組んだ結果、内側を磨くことが最も美しくなる道だと思えるようになったといいます。

「お化粧はどんどん薄くなり、最終的にはどこへ行くときも、すっぴんになりました。素肌の状態はお化粧をしていた頃よりきれいになり、何も付けなくてもツルツルです。四〇歳だというと、よく驚かれます」

また、彼女の場合はお通じもよくなり、毎日きちんと老廃物が排出されて代謝がよくなったのを感じているとのこと。以前より体が軽快になり、職場では毎日子どもたちと元気に走りまわっているそうです。

Yさんは、更年期にさしかかり、毎日新しい白髪が見つかり、シワが増え、ほうれい線が深くなってきたのを気にしていました。私に出会ったときは、「お先真っ暗な気分」だったとか。

ところが、ディクシャ（エネルギー伝授）を受けると肌がつやつやになり、ほうれい線も目立たなくなり、驚いたそうです。

先にお話ししたとおり、老化は生きものにとって自然な変化です。心がととのっていれば素直に受け入れられます。それどころか、内面からのエネルギーによって、むしろ若返ることすらあるのです。

逆に、毎日白髪やしわをチェックしてネガティブな気分になっていると、ストレスが溜まり、老化を早めてしまいます。

いつも、「いまの自分」が最高なのだと考えましょう。前向きできれいな心を持っている人は、外面も若く、美しくいられるのです。

Q18

認知症の不安

親が認知症になり、接し方で悩んでいます。
また、自分も将来なるのではないかという恐怖も感じます。
認知症とどう向き合えばいいのでしょうか。

五〇〇〇年の歴史が教えてくれる知恵とパワーは、現代医学の不可能を可能にする。

人間の心と体は、長年使っているうちにストレスが溜まり、金属と同じように錆《さ》び付いていきます。健康に生きるには、錆を取り除くメンテナンスが必要です。そのために人は運動をしたり、趣味を楽しんだり、栄養のあるものを食べたりします。しかし、メンテナンスがうまくいかないと心身に錆が溜まり、いろいろな病気を引き起こします。認知症もそのひとつといえるでしょう。

医療や行政もいろいろと認知症の対策、予防に努めていますが、一人ひとりの精神の内部にまでは干渉できません。

そもそも人間の精神はあまりにも複雑で、どうすれば認知症を治療することができるのか、完全にはわかっていないのです。脳、神経、血管、ホルモン……いろいろな要素が絡み合い、人間の精神と記憶は成り立っています。

現代医学では、病気の原因を調べるとき、体の各部を別々に調べます。病院に行くと、血液検査、尿検査、レントゲン、CTスキャン、MRIなど、いろいろな検査室に回されます。診療科も呼吸器、循環器、消化器、神経など、こと細かに分かれています。そのため、いろいろな要素が絡んでいる病気を総合的に診《み》ることが難しくなっています。

現代医学を否定するつもりはありません。しかし、心身を総合的にコントロールして健康を保つという点では、五〇〇〇年の歴史を持つヨガとヒマラヤの教えに一日の長があるように思います。

ヒマラヤの聖者たちは、長い修行を通して究極の悟りに達し、人間の精神と肉体を動かすメカニズムとエネルギーについて、多くのことを学んできました。私もその知恵と、エネルギー伝授の力を授かっています。それを使えば、人の心と体を変容させることができます。生命力を回復させることもできるのです。

問題を解決したいと私のもとを訪ねてくる人たちは、その神秘の力に驚きます。

Hさんという女性は、九〇歳のお母さまが認知症を発症し悩んでいました。お母さまは得意だった料理や洋裁もできなくなり、恐怖心から疑い深くなり、言動や行動も攻撃的になってしまったそうです。そのせいで、いっしょに暮らしていたHさんまでノイローゼのようになってしまったといいます。

私の本と出会ったHさんは、瞑想を試してみました。すると、気持ちがスッと落ち着くのがわかりました。さらに、彼女の心の変化がお母さまにも伝わり、少し穏やかになる日が続いたのです。

驚いたHさんは、私のディクシャ（エネルギー伝授）を受けるために上京。お母さまと二人で会員になり、瞑想を続けました。すると、お二人の関係は改善し、それまでのことが嘘のように穏やかな毎日を送れるようになったといいます。介護のヘルパーさんたちからも、「笑いと感謝の言葉が絶えない唯一の家庭」と言われたそうです。その後、お母さまは亡くなりましたが、穏やかな大往生だったと聞いています。

認知症になり、自分が自分でなくなるような感覚は怖いものです。そのため周囲に対して攻撃的になってしまう方もいます。一方、介護をする家族のほうも、同じことを何度も言われたり、責められたりして、精神的に参り、ケンカになってしまうことが多いようです。

そういうときは、やはり自分から変わらなければなりません。Hさんのように、まず自分が瞑想をして心をととのえるのです。そうすれば親にもよい波動が伝わり、安心感を与えることができます。

愛がすべてを癒《いや》すのです。自らを変え、無限のエネルギーとつながり、あなた自身が太陽のような人になれば、暗くなっていた家庭も明るくなり、穏やかで幸せな親子関係が戻ってくるでしょう。

親の認知症を経験し、それを乗り越えたあなたは強い人に変わります。そのときはもう自分自身が認知症になることを恐れる気持ちも消えていることでしょう。

終活と墓じまい

人生の終わりに向けて、
「終活」はすべきなのでしょうか？
また、田舎のお墓を「墓じまい」するか
どうかでも迷っています。
いまは樹木葬などもあり、自分のお墓はいらないと
思っているのですが、先祖にもうしわけない気もします。
お墓はやっぱり必要なのでしょうか？

Q19

普段の生き方そのものを「終活」に変える。お墓よりも先祖の供養が大切。

最近は、残された家族に迷惑をかけないようにと、生前から身辺整理をしたり、葬儀やお墓の準備を済ませ、遺産相続についても決めておくという方が増えているようです。

そうした「終活」をすることでご自身の心が落ちつくようであれば、準備しておくのはよいことです。ただ、ある日急に思い立って、すべてをいっぺんに決めようとしても、なかなか難しいと思います。

終活をスムーズに進めるためには、普段から心と体をととのえておかなければなりません。時間に余裕がなかったり、体調が優れないときに、急《せ》き立てられるように進めると、心身にストレスがかかり、物事はうまく運びません。

平素から瞑想をしている人は、若返り、意識もしっかりしているため自分自身のことや、身のまわりの人々のことがクリアに見えているものです。死生観も定まっていますから、そもそもあらためて終活を始める必要すらないのです。

・常日頃から不要なものは片付けていって、身辺をいつもきれいに整理しておく。

・必要以上のお金は、人々の意識を変え世界をよくするために働いている団体に寄付する。

・子どもや家族には、単に財産を遺《のこ》すよりも、彼らがしっかりと自分の足で立ち、前に歩んでいけるように、人に喜ばれるような生き方を伝える。

それらのことを普段から実践していれば、何の後悔もなく、安心して生の終わりを迎えることができます。

また、お墓についても悩まれているようですが、日本人は昔から先祖を大切にする文化を持っています。先祖を供養するのはとても大切なことです。

私も会員のみなさんから請われて、よくご先祖さまの供養をしています。ご先祖さまにもいろいろな方がいます。生前の行いによっては、魂が迷い神様のもとに到達していない方が多くいます。その御霊《みたま》を浄め、安らぎを与えるためにも、先祖の供養をするのはよいことです。

ご先祖さまと私たちは、ＤＮＡと魂によってつながっています。祈りの供養をしなければ、そのことが心のわだかまりとなり、あなたを苦しめます。そこから解放されるためにも供養は必要です。ヒマラヤ聖者からの供養を受ければ、ご先祖さまへの気持ちにも区切りがつきます。

現代においては、墓じまいもひとつの選択肢です。子どもがいないために、お墓の管理ができなくなるという方もいるでしょうし、お墓が遠くにあって、なかなかお参りができないという人もいるでしょう。

大事なのは先祖への思いです。墓じまいをしても、祈りと供養を続けていれば、心配や不安から解放され、残りの人生を安心して生きていくことができます。

人生の終盤にさしかかったときこそ、生き方を変えるチャンスです。祈りと瞑想の生活に入りましょう。真理を学べば、希望をもって余生を送ることができます。自分のなかの否定的なエネルギーを浄化し、神聖なエネルギーに変えるのです。利己的な欲望を捨て、まわりの人々や社会のために尽くしましょう。それこそが天国へと続く道なのです。

シンプルな体をととのえる動き

10 両足伸ばし

リラックスして、座ったまま体をいろいろに動かします。内臓に良い。

体の自由性を表現します。 30秒動かして、その後リラックス。

シンプルな体をととのえる動き

11 ライオンのポーズ

美しい声になり、のどの痰をきります。

正座をします。膝を開き両手を膝の上におきます。かかとをあげてつま先立ちに。口をあけて舌を長く出し、顎を胸につけるようにしてうなり声を上げます。目は前方の一点を見つめます。20秒続けたらリラックス。

Q20

死への恐怖を克服する

コロナ禍で起きている医療崩壊や、
世界中で毎日何千人もの人が
亡くなっているという現実を目の当たりにして、
死ぬことへの恐怖をリアルに感じるようになりました。
どうしたら死の不安から逃れられるのでしょうか。

真理を学べば、死への恐怖は消え、いまを生きる喜びが戻ってくる。

この世に生を受けた者は、心と体を成長させ、多くのことを学び、子孫を残し、やがては老いて死んでいきます。あらゆる人に死は平等に訪れます。それは避けられない運命です。

死んだ後に自分はどうなるのか？　どこへ行くのか？　それがわからないために、多くの人が死を恐れます。経験がないことは誰しも怖いものです。死を恐れず生きていくためには、死を知ることが大切です。

ヒマラヤ聖者は心身を浄め、意識を覚醒させたまま深い瞑想に入っていきます。

そして、心身を超えて源に還《かえ》っていき、神と一体になります。体は生きているのですが、呼吸が止まり、すべてが止まり、死を超えた状態、究極のサマディ（悟り）に没入するのです。

これは仏教的には、「解脱する」といいます。そこで永遠の命になり、時間を超えた存在、すべてを創《つく》り出す存在、不死の存在になるのです。そこからまた、すべてのものが生まれていきます。

悟りを得た修行者は生と死を理解し、肉体の死は、新しい世界への旅立ちだと知るのです。ヒマラヤ聖者からエネルギーを受けながら瞑想を行えば、死に対する恐怖はなくなります。

コロナの感染爆発と多くの人の死を前にして、いまはみんなが不安になっていると思います。不安は心を乱します。集中力や活力を奪われ、睡眠も妨げられてエネルギーを回復することもままならなくなります。そして、免疫力を低くするのです。

たとえワクチンが開発され、接種することができたとしても、コロナウイルスは依然として世の中に存在しているわけです。皆がしっかり免疫力を高めていかなければならないのです。

そのためには、この時代だからこそ、瞑想が必要です。ヒマラヤ秘教に伝わる真の瞑想を学べば、祝福をいただき、最速で変容し、無心になっていくことができます。そして充電して、気力が充実して、病気にもならないで明るく楽しく生きられるのです。

Yさんは、亡くなっていった身近な人を思うと、いつも悲しく寂しい気持ちがあふれて、どうしようもなかったそうです。「結婚しても、相手が亡くなったら孤独になるんじゃないか」と考えたこともありました。

しかし、私と出会い、悟りを得るという目標を持ってからは、「死んだ後も守られる」という安心感から、希望に満ちた毎日を送れるようになったといいます。私が「死ぬのが怖くなくなった？」と尋ねると、「はい！」と笑顔で即答。「亡くなった方々に対しても、愛をもって祈りを捧げられるようになりました。すべての人やものが愛しく感じられ、自分の内側が温かく穏やかになったのを実感しています」

と語ってくれました。

私からのディクシャ（エネルギー伝授）によって、死への恐怖が和らいだという方は大勢います。

Hさんは祖父母のお葬式以来、「いつか人は死んでいく」という思いにとらわれ、孤独感にさいなまれてきたそうです。また、「体を寄生虫に蝕《むしば》まれて死ぬ」というイメージが頭から離れず、神経症的な恐怖感も抱いてきたそうです。

それによって心が疲れ果て、エネルギーを失っていたときに、彼女は私のディクシャを受けました。すると、深い瞑想を体験して「死は終わりではない」とわかり、安心して生きられるようになったといいます。

Iさんは、瞑想とは心が静寂になり、神に近づき、源に還ること。それは肉体を超える「死の予行練習」だと感じられるようになってきたそうです。

「ディクシャ（エネルギー伝授）を受ける前は、死ぬのは苦しい闇の世界へ入っていくことだと思っていました。でも、いまは神に導かれ、幸せな光の世界へ旅立つのだと感じています」

悟りのマスターにつながって真理を学び、悟りをめざすことで、死は怖いものではないとわかるのです。人生は素晴らしいものです。命の喜びを感じながら、楽しく生きていきましょう。

第5章

現代《いま》を生きる

受験と子育て

コロナ禍で学校が休校になったとき、
子どもに勉強をさせるのに苦労しました。
いくら「勉強しなさい」と言っても、
隠れてゲームばかりしています。
このままでは受験で志望校に
合格できないのではないかと心配です。

Q21

子どもの行動を責めるのではなく、親が率先して人間性を高め、手本を見せる。

子どもの受験を控えた親御さんは、いろいろと悩みが尽きないかと思います。理想の親になるにはどうすればいいのか？　どうやって理想の子どもに育てるのか？　誰もが悩んでいることでしょう。

親というものは、子どもが幸せになってほしいと常に願っているものです。そのために、よりよい教育の機会を与えようと塾に通わせたり、才能を引き出そうと習いごとをさせたりします。その結果、いまの子どもたちは毎日とても忙しく、目いっぱいの努力をしています。

なかには親が学歴にコンプレックスを抱き、「自分が行けなかった学校に、子どもには行ってほしい」と努力を強いているケースもあります。一生懸命なのはわかります。ただ、それが子どもにどういう影響を与えるのか、立ち止まって考えてみることも必要でしょう。

小さな子どもは純粋で無垢《むく》です。親の心の波動をぜんぶ受け取っています。親が心配をしていると、それが子どもに伝わります。親が傲慢《ごうまん》だと、それもまた子どもに伝染します。親がコンプレックスを持っていると、子どももコンプレックスを感じます。子どもの人格形成には、よくも悪くも親からの影響が大きいのです。

親がいくら小言を言っても、子どもの行動はよくなりません。抵抗することで心が緊張してしまい、かえって自分の力を発揮できなくなります。責めれば責めるほど、子どもは自信を失ってしまうでしょう。

子どもをよい方向に導くには、まず親が率先して人間性を高めることが大切です。自信と集中力を身につけ、たえず学び続けること。無償の愛で人助けをすること。道徳的にバランスのとれた生き方をすること。そうした姿勢を見せていれば、子ども自然に変わっていきます。

一方、子どものほうも、親からいい影響だけを受け取るにはどうすればいいかを考えなければなりません。親が立派だからといって、必ずしも子どもが立派な人間になれるとは限りません。自ら努力しなければ成長できないのです。

いまの時代、親も子どもも競争社会、学歴社会に振りまわされ、心のバランスを失いがちです。ぜひ親子で、瞑想の習慣を身につけることをおすすめします。正しい瞑想をすれば、心配は消え去り、集中力が高まります。勉強にも身が入るようになり、受験も難なくこなせるでしょう。

Q22

いじめをなくすために

子どもがどうやら学校でいじめに遭っているようです。
話を聞いても「大丈夫」というだけで、
なかなか本当のことを言ってくれません。
私自身も子どもの頃、いじめで悩んだ時期があります。
なぜいじめはなくならないのでしょうか……。

社会の歪み、ネガティブな心がいじめを生む。嫌な相手にも感謝と祈りを。

最近は子どもの世界だけでなく、大人の間でもいじめがあると聞きます。なぜいじめはなくならないのか？　難しい問題です。

昔は、世の中にモノが充分行き渡れば、人を妬《ねた》む心がなくなり、みんなが平和に幸せに生きられると考えられていました。そこで国民をあげて懸命に働いた結果、日本は世界有数の経済大国になりました。ところが、これだけモノがあふれる社会になっても、人々はさらに多くを求めて競争し、他人をうらやましがったり、蔑《さげす》んだりしています。結局、昔考えられていたような心の平和は訪れませんでした。

国連が発表する世界幸福度ランキング（２０２０年）によれば、日本は一五三ヵ国のなかで六二位だそうです。残念ながら、私たちの社会は物質的には豊かでも、精神的には貧しいままだと言わざるをえません。そうした歪《ゆが》みが、いじめがなくならない理由のひとつでしょう。

いじめをなくす魔法のような処方箋《しょほうせん》はありません。親、教師、子ども、すべての人が根本から変わるしかないのです。

まずは、子どもの話にしっかり耳を傾けます。そして、差別やいじめはいけないことだと繰り返し教えます。人間が生きていくには思いやりと助け合い、互いに尊敬する心が大切だと伝えるのです。

でも、言葉だけでは人は変わりません。子どもを丸ごと愛してください。愛が足りない子どもは、人を愛することができません。学校や社会全体で子どもを愛しましょう。

人間は楽しいことを考えると元気になります。逆に、誰かを嫌いだと思ったり、否定的なことを考えると気分が悪くなります。それがネガティブな行為につながり、マイナスの悪循環を起こします。

ですから、たとえ誰かに嫌なことをされたとしても、「この人もつらいんだな」と受けとめ、相手の幸せを祈ってみてください。いじめる人のいいところを見つけ、学びの機会を与えてくれたことに感謝するのです。そうやって、あなたがいいエネルギーを出していれば、相手も嫌なことをしなくなります。最初は難しいと思いますが、練習だと思ってやってみましょう。

私は子どもたちにも瞑想を指導しています。あるとき、いじめられているというお子さんから相談を受け、瞑想とディクシャ（エネルギー伝授）によって心の変化を促しました。すると次の日、いじめていた友だちのところに行って、いっしょに遊ぶことができたと報告してくれました。恐れなどネガティブなエネルギーが取れて、いじめっ子の心にもそれが伝わったのでしょう。

子どもは大人の映し鏡です。いじめをなくすには、大人たちの目覚めと進化が必要です。いっしょに平和でよりよい世の中を作っていきましょう。

終　章

マインドフルネスへの道

瞑想のすすめ

心をマインドフルネスにする

ここまでみなさんの不安や悩みに答えながら、心身をととのえることの大切さをお伝えしてきました。

現代は悩み多き時代です。多くの人が競争社会に疲れ、心の癒しや内面の充実を求めています。そこで瞑想を始める人が世界的に増えてきました。

「マインドフルネス」という言葉を聞いたことがあるという方もいるでしょう。アメリカで流行しているリラクゼーション法で、数年前から日本にも紹介され、広まりつつあります。

新しい流行だと思っている方もいるかもしれませんが、じつはこのマインドフルネスの元は仏教の「禅」です。さらにその源流を辿《たど》ると、ヨガとヒマラヤ秘教に行き着きます。

マインドフルネスというのは、「いま、この瞬間に意識を向ける」「ジャッジ（判断）をせず、とらわれのない心で、ただ観る」状態をいいます。わかりやすくいうと、心が平和でリラックスしている状態といってもいいでしょう。

たとえば、寝て起きた瞬間の状態を考えてみてください。昨日の出来事も、今日やるべきことも、何も考えていない瞬間がありますよね。仕事のトラブルも、家族の問題も、体の不調も、一時的にすべてを忘れて、空っぽのすっきりした気分。それがマインドフルネスな状態です。

でも、目が覚めて脳が働き始めると、またすぐに心は悩みごとでいっぱいになります。なぜでしょうか？

人間の心というものは、放っておくと、身のまわりのあらゆることを「気にする」性質があるのです。

「仕事がうまくいかない」「子どもの成績が悪い」「夫の帰りが遅い」「肌の調子が悪い」「ローンの返済が苦しい」……心はいろいろなことを気にして、心配します。

さらに、最近では多くの人が一日中スマートフォンを気にして、過度の情報に晒《さら》されています。そこに新型コロナウイルスへの恐怖も加わり、現代社会に生きる人々の心は、たえず興奮状態にあるのです。

疲れきって、夜ベッドに入っても、怒りや恐れ、不安、嫉妬、恥ずかしさなどの感情が湧き上がってきて心がざわつき、思考がぐるぐるまわって眠れなくなる――そんな経験をしている方も多いのではないでしょうか。

人間の心は一種のエネルギーで、体のコントローラーでもあります。その一方で、心は不足を満たすために常に何かを欲しがり、動きたがるという厄介な性質も持っています。

また、心は外部に対して攻撃的になることがあります。たとえば、何かうまくいかないことがあったとき、「他人が悪い」「親が悪い」「環境が悪い」と言ってまわりのせいにしたり、人の批判をするのも、心の働きによるものです。

心はただ自分を守ろうとしているだけなのですが、心が利己的に働くのに任せていては、いつも気分が落ち着かず、ストレスが溜まってしまいます。

まずはそうした心の働きを見つめ、理解することが大切です。自分が心の主であることを知り、心をコントロールして、よりよく生きるための道具にすればよいのです。

断・捨・離

心が働きすぎて疲れてしまったり、コンプレックスや妬み、恨みに支配されて、自分がネガティブになっているのを感じたときは、心の掃除が必要です。いわゆる「断・捨・離」です。最近では身のまわりの整理整頓《せいとん》術のように受け取られていますが、もとはヨガや仏教の修行から来ている言葉です。

「断」は感覚を断ち、刺激に心が反応しないこと。「捨」は思いを捨て、エネルギーを使わないこと。「離」はその結果、執着から自然に離れることです。

あなたの心を苦しめる多くのことは「執着」から生じます。

たとえば、お金やモノをたくさん持っていると、表面的には豊かに見えます。しかし、心の奥底では「それを奪われたくない」「守りたい」「もっと欲しい」という思いが発生します。

また、仕事、家事、子育てなどに真面目《まじめ》にがんばっている人ほど、「こうしなければならない」というこだわりに縛られがちです。

そうした欲望、思い、こだわりが強くなりすぎると、執着になります。心が執着に支配されると、エネルギーを消耗し、疲れきってしまいます。

瞑想とディクシャ（エネルギー伝授）によって思いやこだわりを浄化して、心を空にすると、深いところから本当の自分が現れ、心の深くにある源の存在とつながり、無限の力を得ることができます。生命エネルギーに満ちたマインドフルネスな人として、生まれ変わることができるのです。

ただ、自然な断・捨・離ではなく、むりやり剝《は》ぎ取るように執着を捨てると、心が傷つき、いつまでも寂しさや恨みが残ってしまいます。そうすると、本当のお別れができず、次の対象に執着することになります。

大事なのは、執着しているものへの依存を断ち切ることです。りんごが熟して木から落ちるように、自然に捨てられるのがいちばんです。

自分を縛っていた執着から自由になれば、生きるのが楽になります。

私が指導しているヒマラヤシッダー瞑想（究極の悟りに達したヒマラヤ大聖者から伝授される瞑想）は、正しい断・捨・離の手助けをしてくれます。

ヒマラヤシッダー瞑想とは

ヒマラヤ秘教とは今から五〇〇〇年前、ヒマラヤで修行した聖者から生まれた哲学であり、悟りを得るための実践の教えです。

王様や神に仕える、司祭の立場だった方々が聖者（行者）となり、体と心を使って、浄化して意識を進化させていく深い瞑想法を編みだしていったのです。

それは心身を超えて、死を超えて源の存在と出会い、それと一体になり、究極のサマディ（悟り）に達することです。真理になり神になるのです。解脱するということです。

宇宙の真理を悟ったその人をヒマラヤ聖者といい、ヒマラヤシッダーマスターと呼びます。その教えと修行法は師から弟子へと口伝《くでん》で伝えられ、神に祈り、修行をして源に遡り、神我一如となり、真理を体験して最高の人になることを目標としています。

お釈迦様もキリストも、この教えから派生した教えに出会って悟りを得たのです。世界のさまざまな宗教の源流は、実はヒマラヤ秘教にあるのです。

今はやりのマインドフルネス瞑想もヒマラヤ秘教の一部で、リラックスを教えるものです。仏教徒の僧侶がアメリカで教えはじめ、アメリカの医師がストレスを軽減するのに良いと紹介して広まったのです。

マインドフルネスにしても、こうした瞑想修行は本来、マスターなしで行うことは危険が伴います。ヒマラヤ秘教の修行法と、一般の人がアレンジしたここ一〇年の試験的な修行法では、その効果も違うわけです。

私のところでは「アヌグラハマインドフルネス」と言って、アヌグラハ（神の恩寵）の恩恵をいただきながら行うので、安全で安心、効果が最速で表れるのです。

ヒマラヤ聖者が伝えるヒマラヤシッダー瞑想は深い瞑想であり、あなたを変容させて生まれ変わらせるものです。それは初歩の段階から順次深いものになっていきますが、誰にでもできるものです。なぜなら私がそのようにガイドしているからです。

ヒマラヤシッダー瞑想は、至高の存在とつながり、本当の自分を知る悟りに向かうためのものです。それは最速であなたをリラックスさせ、楽にしてくれます。同時に神と出会い、真理を知るための修行法でもあります。

ヒマラヤシッダー瞑想を行うには、究極のサマディ（悟り）に達したシッダーマスターによるガイドが必要です。

シッダーマスターはその人の意識のレベルをチェックして、初級の方から上級の方まで、段階を追って伝授していきます。

どういうプロセスを経て進化をするかは、その人がどれだけ真剣かによります。そして私がこのヒマラヤ秘教を紹介しています。私は究極のサマディに達してみなさんに祝福を与えています。ですから、最速で楽に変容を起こし、心と体がほぐれてバランスが取れ、幸せになることができるのです。

マスターと直接のやりとりを通すことで、単に本を読んだ知識でそのようになったつもりになるのではなく、実際のエネルギーの伝授や、実際のパワーと愛と知恵を伝搬できるのです。

瞑想秘法を受け取るには、学ぶ側にも真摯な態度が必要です。ヒマラヤ秘教は五〇〇〇年もの間、聖者たちが受け継いできた尊い教えです。

この教えは非常にパワフルなので、人を幸せにすることのみに使わなければなりません。エゴの心で使ってはならないのです。

瞑想に入る前に

ヒマラヤ秘教を学ぶには、まず正しい心で日常生活を送り、道徳を守ることが必要です。

あなたはこれまで無知のため、自己防衛のため、無意識に人を傷つけていたかもしれません。あるいは、自分をよく見せるために嘘をついていたかもしれません。睡眠をとりすぎたり、食べすぎたり、性が乱れていたりしたかもしれません。

瞑想に入るためには、日常から心を正しく使って、悪い癖は戒《いまし》めていかなければならないのです。

心だけでなく、体の準備も必要です。背骨を正しい位置に保ち、立ったり座ったりする動作をスムーズに行うためには、腹筋と背筋のバランスをよくしなければなりません。ヒマラヤの聖者は体を鍛錬するために山を歩きます。みなさんも、普段からできるだけ自分の足で歩きましょう。

食べ物については、ヒマラヤの聖者は「奪わない」という戒律を守るために、施しを受けたものを頂いています。

みなさんの場合は、店で買った食品を食べることになるでしょうが、できるだけ体に負担をかけない、自然な食材を選びたいものです。そして食べ過ぎに気をつけながら、よく噛んでいただきます。

規則正しい生活のサイクルも大切です。基本は早寝早起き。できるかぎり、昔ながらの自然な生き方を心がけます。

あなたの体は、祈りの場となる寺院のようなものです。いつもきれいに浄めておく必要があります。そうしなければ正しい心も宿りません。

心と体を与えてくれた存在に感謝することも忘れてはいけません。あなたの心も体も、自分で生み出したものではありません。あなたは見えない大きな力によって生かされているのです。

「これからも心と体を正しく使って生きていけるようにお守りください」
「悪いエネルギーに翻弄されないように、正しい瞑想ができるように、力をお与えください」

と大いなる存在に感謝し、祈りを捧げましょう。

実際に瞑想状態に入ると、あなたは自分の心身のコントロールを手放すことになります。そこには危険が伴います。人によっては内面に潜んでいた悪が姿を現し、心身のバランスを崩すことがあります。理不尽なエネルギーがあふれだし、制御不能に陥ることもあります。それゆえ、マスターとの強い信頼が欠かせないのです。

いままであなたを動かしてきたエゴや価値観は手放します。神を信じ、マスターに心身を委ねるのです。そこで初めて本当の瞑想が可能になります。

これまでみてきたように、人間にはさまざまな心配ごと、不安、悩みがあります。それを解決するには、心のなかにあるパンドラの箱を開けなければなりません。医者が手術をするように、よいエネルギーを注入しながら箱のなかにある悪いものを取り除き、浄め、源の存在に還っていくのです。

それが本当の瞑想です。そのためにはヒマラヤ聖者からディクシャ（エネルギー伝授）を受けて行うのが最も安全であり、近道でもあるのです。

あなたは変わることができる

瞑想は睡眠とは異なります。どんなに深く眠っているときでも、自然に呼吸をし、心臓も動いています。しかし、真の瞑想修行においては、心身のすべてを浄化してそれを超えるため、生理作用も止まります。

そのなかで、私は大いなる存在が自分を生かしてくれていることを知りました。私たちを作った存在、この世界を作った存在です。その大いなる存在を、古来さまざまな宗教が「神」と呼んで来ました。神とつながり、無限のエネルギーの源に没入し、私は究極のサマディ（悟り）に達したのです。

ヒマラヤ秘教は、あなたの内側から神秘の力を引き出し、正しく成長させてくれます。

人は、ただ衣食住を満たすために生きているのではありません。自分は何のために生まれてきたのかを理解し、意識を進化させ、愛と平和の人にならなければなりません。

人生の目的は、真の自分を発見することです。単に知識を学ぶだけではなく、教えを日々実践し、深い瞑想に入り、真理を探求していくのです。

あなたの心と体は、神様がくださった、ありがたい修行のための道具です。思い悩むために使うのではなく、自分を高め、まわりの人々を幸せにするために使ってください。

いま、あなたの身に起きていることは、すべて必要なことです。感謝して受け入れましょう。

ものごとには原因と結果があります。あなたがいま思っていることが原因となり、未来の結果を生み出します。よいことを考え、よい言葉をつかい、そして、よい行いをしましょう。そうすれば、あなたは変わることができます。

生き方が変われば、運命も変わります。その先には、本当の幸福が待っています。希望にあふれた未来に向けて、まずは一歩を踏み出しましょう。

ヒマラヤ瞑想の基本

瞑想はヨガの八支則の最後の修行です。心を鎮め、リラックスして自分の内側をととのえます。真の瞑想にはマスターのガイドが必要ですが、ここでは入門編の一部を紹介します。

合掌して神とヒマラヤ聖者に祈ります。

「どうぞ正しくお導きください」

あぐらをかいて座ります。背筋をまっすぐに伸ばします。

目を閉じて、まず喉に意識を向けて、息を吐きながら「フーン」という声を出し、その音に聞き入ります。それを10回繰り返します。

その後、リラックスして、そのまま静かに5分間座り続けます。何か思いが浮かんできても流してください。集中すると「いま」にいることができるようになります。

1日1回、とくに心が落ち着かないと感じるときにやってみましょう。1カ月ほど続け、さらに先へ進みたい方は、必ずこちらの指導者のガイドを受けてください。

あとがき

私のもとでヒマラヤの教えを学び、修行を実践している人に、コロナ禍で苦しんでいる人はいません。私のもとを訪れた人は、最初は暗い顔をしていても、すぐに希望に満ちた笑顔に変わります。なぜ、そのようなことが起きるのでしょうか？

それは、私がヒマラヤの奥地を旅し、大聖者のもとで厳しい修行を重ね、真理を学び、究極のサマディを成就《じょうじゅ》したからです。宇宙はどのようにしてできたのか、人間は何のために生まれたのか、私たちはどう生きるべきなのか。悟りに達したとき、私は人間と世界のあり方を理解しました。

それ以来、私には何の悩みもなくなりました。それだけではありません。悩んでいる人々を救う力を得たのです。解脱で得た高次元のエネルギーと知恵と愛には人々の才能を目覚めさせ、悩みを溶かす力があります。また、人の内側を変容させ、意識を進化させることもできます。「この人生に何の意味があるのか？」「どうして心や体には苦しみが起きるのか？」――そうした疑問に答え、これまで多くの人々を導き、癒してきました。

ヒマラヤの教えを学べば、あなたのなかに眠っている叡智と愛と生命力が目覚めます。そして体は健やかに、心は豊かになります。真理に気づいたとき、あなたは内側から湧き出る力に驚くことでしょう。

そのためのヒントとメッセージ、そして無限の愛をこの本のなかに込めました。ただ、教えの核心である瞑想については、やはり対面することでしか伝えられないのも事実です。あなたが本当に自分を変えたいと思っているのなら、ぜひ私が主宰しているサイエンス・オブ・エンライトメントの門を叩いてください。扉はいつでも開かれています。あなたとの出会いを楽しみにしています。

二〇二一年二月　ヨグマタ　相川圭子

本書は２０１９年８月から10回にわたり
『マリ・クレール スタイル』に連載された
「マインドフルネスへの道」に加筆したものです。

構成　柳橋　閑
装幀　ベター・デイズ
挿画　かざまりさ

ヨグマタ **相川圭子**

女性ではじめて「究極のサマディ(悟り)」に達したシッダーマスター(サマディヨギ／ヒマラヤ大聖者)。現在、会うことのできる世界でたった2人のシッダーマスターのうちのひとり。仏教やキリスト教の源流であり5000年の伝統をもつヒマラヤ秘教の正統な継承者。1991～2007年の間、計18回、インド各地で世界平和と真理の証明のため公開サマディを行う。2007年、精神指導者の最高の称号「マハ・マンダレシュワル(大僧正)」を授かる。日本、欧米などで、真の幸せと悟りのための各種研修と瞑想合宿を開催。2016年6月以降3回、国連の平和のイベントで主賓スピーチを行う。主な著書に、『成功への扉』(光文社)、『ヒマラヤ大聖者の免疫力を上げる「心と体」の習慣』(幻冬舎)など多数。

ヒマラヤ大《だい》聖《せい》者《じゃ》の知《ち》恵《え》
心《こころ》と体《からだ》をととのえて、
もっと楽《らく》に生《い》きる

2021年3月10日　初版発行

著　者　相川圭子《あいかわけいこ》
発行者　松田陽三
発行所　中央公論新社
〒100-8152　東京都千代田区大手町1-7-1
電話　販売　03-5299-1730　編集　03-5299-1740
URL http://www.chuko.co.jp/

D T P　今井明子
印　刷　大日本印刷
製　本　小泉製本

Published by CHUOKORON-SHINSHA, INC.
Printed in Japan ISBN978-4-12-005408-2 C2095
定価はカバーに表示してあります。落丁本・乱丁本はお手数ですが
小社販売部宛お送りください。送料小社負担にてお取り替えいたします。